KORSIKA

In Europa gibt es noch ein der Gesetzgebung fähiges Land, nämlich die Insel Korsika. Der Mut und die Beharrlichkeit, mit der dieses tapfere Volk seine Freiheit wiederzuerlangen und zu verteidigen wußte, verdienten wohl, daß ein weiser Mann es lehre, sie zu bewahren. Ich habe eine gewisse Vorahnung, daß diese kleine Insel Europa eines Tages in Staunen versetzen wird.

Jean-Jacques Rousseau (1712-1778)

KORSIKA

Fotografie Ernst Hermann Ruth
Monika Siegfried-Hagenow
Text Harald R. Fabian
Monika Siegfried-Hagenow

Bucher

Inhalt

Bildkapitel

Ernst Hermann Ruth
Monika Siegfried-Hagenow

Bastia und der Norden	17
Casinca · Castagniccia · Ostküste	43
Das Herz der Insel, Corte und das Gebirge	71
Die Balagne und der Westen	97
Ajaccio und der Süden	125

Textkapitel

Harald R. Fabian

Die Insel Napoleons 9

Insel der Landschaftskontraste	11
Das Herz Korsikas	15
Vendetta und kein Ende	33
Napoleon und sein Clan	33
Vendetta – Rache bis zum Tod	34
Korsischer Tourismus – Chancen und Risiken	38
Korsika und Frankreich	41

Zur Geschichte und Kultur Korsikas 59

Daten zur Geschichte Korsikas	62
Poesie und Politik – Korsische Musik	92

Monika Siegfried-Hagenow

Reiseführer durch Korsika 113

Die korsische Küche	116
Reisetips	121
Landschaftsimpressionen	150

Karte	155
Register	156
Text- und Bildnachweis	159

Seite 1: Die Zitadelle von Calvi.
Seite 2/3: Die Kirche San Michele von Murato.
Links: Die Mündung des Ostriconi im Norden der Insel.

Der Turm von Marina de Negro an der Westküste des Cap Corse ist ein Relikt aus der Zeit, als die Genuesen über die Insel herrschten.

Vorangegangene Doppelseite: Im Zentrum der Insel, wo Tavignano und Restonica zusammenfließen, liegt Corte im Schutz des Monte Cecu. Die Stadt ist ein beliebter Ausgangspunkt für Bergwanderungen.

Die Insel Napoleons
Harald R. Fabian

Manchmal stiehlt sich auf Korsika die Zeit aus dem Tag. Fast menschenleere Dörfer thronen schläfrig auf Hügelkuppen oder dösen in Wald- und Macchiaverstecken: Bühnenbauten für ein aus der Mode gekommenes Stück ohne Exposition und Katastrophe. Die Stille klingt wie Geläut von Ziegenglocken, und nichts rührt sich. Die Luft liegt wie Thymian, Rosmarin und Minze auf der Zunge. In den Jachthäfen an der Küste ruhen die Boote auf ihrem Spiegelbild. Am Abend, in den Gassen des mittelalterlichen Stadtviertels von Bonifacio, schwärzen Straßenlampen die Schattenzonen, und gut 60 Meter tiefer plätschert das Mittelmeer gegen den Kalksteinfelsen, und es ist früher oder später.

Der müde Trott eines Esels, der seinen Herrn heimwärts trägt und langsam, sehr langsam hinter einer Wegbiegung verschwindet, gibt das Tempo vor; und die gebrechliche alte Frau, die mühsam, Stufe um Stufe, eine Treppengasse hinansteigt. Stunden zählen nicht, nur Sonnenaufgang und Sonnenuntergang. Korsika infiziert mit unzeitgemäßer Trägheit. Hast wirkt so deplaziert wie eine Stoppuhr am Kirchturm. Angesichts gewaltiger Schluchten und bizarrer Felsnadeln, die Gletscher, Wind und Regen in unvorstellbaren Zeitabschnitten geformt haben, drängt sich eine Ahnung von Ewigkeit auf und ist nicht unwillkommen.

Auf der Place de la Libération in Sartène sitzen vier Männer nebeneinander auf einer Bank, zusammen an die dreihundert Jahre alt, mit stoppelbärtigem Mondgesicht der eine, mit eingefallenem Mund und einem Vogelgesicht ein anderer, mit modischen Stiefeletten der dritte, mit Pepitamütze der vierte; alle mit Stock, den sie zwischen den Füßen auf den Boden stemmen, und alle unverrückbar in ihrer altersteifen Würde. Sie sind auf diesem belebten Platz in Sartène die Mitte. Morgen schon wird vielleicht ein Platz auf der Bank leer sein, und übermorgen wird vielleicht ein anderer vierter Mann da sitzen und auf dem Griff seines Stocks die Hände übereinanderlegen.

Wenn Wirklichkeit ist, was in den Industriegebieten und Ballungsräumen auf dem europäischen Festland alltäglich erfahren wird, dann ist Korsika unwirklich auf eine Weise, die zugleich wohltut und irritiert. Es ist, als fände man in diesem «Gebirge im Meer» etwas wieder, dessen man sich schon gar nicht mehr erinnerte.

Die noch junge, erst Anfang der siebziger Jahre geschaffene Verwaltungsregion Frankreichs mit den beiden Départements Corse-du-Sud und Haute-Corse ist nicht nur im geographischen Sinn eine Insel. Sie ist – zumindest im Bergland, wo nur noch sechs Menschen auf einem Quadratkilometer leben und traditionelle Agrarstrukturen sich bis heute erhalten haben – eine Enklave der Vergangenheit. Wie vor Generationen schon nomadisieren korsische Hirten mit ihren Schaf- und Ziegenherden durch die Macchia und über Hochalmen, streunen halbwilde Hausschweine durch Kastanienwälder, bestellen Bauern Felder, die wegen ihrer geringen Größe kaum mehr hergeben, als zur Selbstversorgung der bäuerlichen Familien benötigt wird. Marktorientierung und Rentabilität sind in dieser Enklave mit ihrer auf Autarkie gerichteten Landwirtschaft, die schon seit dem 19. Jahrhundert die Inselbevölkerung nicht mehr ernähren kann, Vokabeln aus einer anderen Wirklichkeit. Das Bild des heimwärts reitenden Bauern strahlt eine Ruhe und eine Friedfertigkeit aus, die sehnsüchtig machen nach weniger schnellebigen Zeiten, in denen Fortschritt nicht an der Generationenfolge von Computern gemessen wird, sondern an den Hufschlägen eines Esels.

Sartène, «schwermutsvoll in schwermütigen Bergen vereinsamt», wie Ferdinand Gregorovius schon 1852 treffend bemerkte, ist für korsische Verhältnisse eine Stadt. Die hohen, abweisenden Wohnhäuser scheinen viel zu groß, zu gewichtig, zu wuchtig zu sein für die 3525 Menschen, die laut Zählung von 1990 hier leben. In den sonnenlosen Gassen können Passanten sich gelegentlich nur seitwärts aneinander vorbeischieben. Die Häuser sind von Abflußrohren für nachträglich eingebaute sanitäre Anlagen befallen wie von grotesk verzweigten Egeln. Sartène ist alt, müde, ausgezehrt, ausgelaugt. Vom Gezirpe und Geklimper, mit dem Tauwerk und Leichtmetalltakelage der Hochseejachten an windigen Tagen die Häfen von Bonifacio, Porto-Vecchio und Calvi erfüllen, von den Oben-ohne-Nixen an den Stränden der Ostküste, vom ungeniert demonstrierten Betuchtsein der Bootseigner, denen an Deck ihrer Motorkreuzer vom weißlivrierten Diener der Cocktail serviert wird – von all dem trennt dieses ermattete Städtchen mehr, als sich in Kilometern ausdrücken läßt. Da ist schon zwischen Bergland und Küste eine Kluft wie zwischen vorgestern und heute.

Von der Industrialisierung blieb die Insel fast völlig ausgeschlossen – oder verschont. Nur knapp ein Siebtel ihrer Fläche wird landwirtschaftlich genutzt. Die korsische Berglandschaft zeigt in weiten Gebieten keine oder kaum ins Auge fallende Spuren menschlicher Eingriffe. So könnte Korsika vor dem Hintergrund grassierender Umweltzerstörung in Europa auch noch in einem dritten Sinn als Insel gelten: als Oase, in der Luft und Wasser, Flora und Fauna unversehrt und die Menschen weder Feinde noch Opfer der Natur zu sein scheinen. Einschränkungen sind allerdings angebracht. Denn Dörfer, deren Bevölkerung überwiegend aus alten Menschen und Kindern besteht, weil Männer und Frauen im arbeitsfähigen Alter in die Küstenstädte oder aufs Festland abgewandert sind, leerstehende Häuser, aufgelassene, von Macchia überwucherte Felder sind ebensowenig zu übersehen wie die farbensatte Macchiablüte in der Zeit von April bis Mitte Juni. «Insel der Schönheit» wird Korsika häufig genannt. Die Insel ist schön wie der Traum vom Paradies.

Korsika, mit 8681 Quadratkilometern nach Sizilien, Sardinien und Zypern die viertgrößte Insel im Mittelmeer, ist ein Solitär mit unverwechselbaren Konturen: wildzerklüftete Westküste mit felsigen Steilufern und – von den Golfen von Porto, Sagone,

Dieser Kastanienbaum (links) steht in voller Blüte.

Blick über die Dünen zum Meer (rechts) bei Tizzano, einem kleinen Ort im Süden der Insel bei Sartène.

Schneefälle im Winter sind in den Bergen Korsikas keine Seltenheit. Bis weit in das Frühjahr hinein liegt auf dem Hauptkamm des Gebirges, dessen Berge bis 3000 Meter hoch sind, die weiße Pracht.

Ajaccio und Valinco abgesehen – meist kleinen Buchten; über lange Strecken nahezu geradlinig verlaufende flache Ostküste mit Sandstränden und Strandseen, den Étangs de Biguglia, de Diane, d'Urbino, de Palo; im Norden als Appendix die knapp 40 Kilometer lange und zehn Kilometer breite Halbinsel Cap Corse. Die Küstenlinie ist rund 1000 Kilometer lang. Keine andere Insel im Mittelmeer hat ein so stark ausgeprägtes Relief wie Korsika. Flachland nimmt nur 14 Prozent der Fläche ein; den Hauptanteil daran hat die Ebene von Aleria im Osten, ein bis zu zwölf Kilometer breites Küstenschwemmland. Die markanteste Komponente des Reliefs ist ein Gebirgsrücken, der sich in schwacher S-Kurve von Nordwesten nach Südosten zieht. Über 50 Zweitausender, darunter der Monte Cinto mit 2707 Metern als höchster Gipfel, bilden die Kammlinie dieses zum größten Teil aus Granit bestehenden Inselrückgrats, das auch die Hauptwasserscheide ist. Das Bergland im Nordosten, das sich vorwiegend aus Schiefer und Diorit aufbaut, erreicht auf der Halbinsel Cap Corse nur Höhen um 1300 Meter, in der Castagniccia knapp unter 1800 Meter. Die Durchschnittshöhe Korsikas beträgt 568 Meter gegenüber 344 Meter auf der zwölf Kilometer entfernten, fast dreimal größeren Nachbarinsel Sardinien, wo Berge mit Höhen um 1800 Meter die Ausnahmen sind.

Insel der Landschaftskontraste

Der Kontrast zwischen mediterranen Küstenregionen und alpiner Bergwelt auf einer Fläche, die nur gut halb so groß ist wie Schleswig-Holstein, macht den besonderen Reiz Korsikas aus. Oft liegt nur die Fahrtstrecke eines Sonntagsausflugs zwischen Gartenlandschaften mit Obstkulturen, Weinbergen, Fächerpalmen, Kakteen und Agaven und Hochgebirge mit Steinkämmen, Glockengipfeln, Blockmeeren, waschbrettartig gerieffelten Bergflanken und tonnenschweren, von Wind und Wetter zu Tropfenform geschliffenen Gipfelblöcken, die perfekt ausbalanciert auf Felsnadeln ruhen; zwischen schilfumsäumten Strandseen und in Kiefernwälder eingebetteten Bergseen in 1300 Meter Höhe; zwischen dem breit und gemächlich anrollenden Mittelmeer und reißenden Gebirgsbächen, die durch cañonartige Schluchten zu Tal rauschen. Die fruchtbare Balagne

Nächste Doppelseite: Die Landschaft auf Korsika lebt vom Reiz der Gegensätze: Blick von der Festung in Corte gen Osten.

grenzt im Osten unmittelbar an die versteppte Désert des Agriates. Von sonnenverwöhnten, pastellfarbenen Küstenorten aus fällt der Blick auf verschattete Häusergruppen, die an Berghängen zwischen Bäumen und Buschwald nisten.

Wald und Macchia bedecken weit über die Hälfte der Insel. «Il a pris le maquis», hieß es früher auf Korsika von einem unauffindbaren Gesetzesbrecher: Er ist in die Macchia gegangen. Bis in die dreißiger Jahre dieses Jahrhunderts hinein war der dornenreiche, zum Teil undurchdringliche Buschwald, der bis in Höhen zwischen 1000 und 1500 Metern anzutreffen ist, die Zuflucht korsischer Banditen und Bluträcher. Erst dann, mit der endgültigen Unterdrückung des Banditentums, verlor die Macchia allmählich ihren üblen Beiklang. So berüchtigt sie einst war, so berühmt ist sie heute. Zwar gibt es Macchia im gesamten Mittelmeerraum, selten aber in solchem Artenreichtum und Hochwuchs wie auf Korsika. Baumheide, deren Wurzelholz der Rohstoff für Bruyèrepfeifen ist, Erdbeerbaum und Myrte erreichen Höhen bis zu sechs Metern. Zusammen mit Zistrosen, Mastix, Rosmarin, Lavendel, Waldreben, Oleander, Ginster, Thymian und wilder Minze überziehen sie die Insel im Frühjahr mit einem in Farbschattierungen von Weiß über Rot bis Violett schillernden Blütenteppich und vermischen ihre Düfte zu jenem einzigartigen Aroma, an dem der nach Sankt Helena verbannte Napoleon seine Heimat sogar mit geschlossenen Augen erkennen zu können meinte und das Antoine de Saint-Exupéry in hymnischer Prosa besungen hat. Schmetterlingen, die auf Korsika in bunter Vielfalt zu beobachten sind, und Bienen bietet die Macchia ein reiches Betätigungsfeld und einen fast unbedrohten Lebensraum. Den leicht bitteren Macchiahonig wußten schon die Etrusker zu schätzen, wie der griechische Geschichtsschreiber Diodorus überliefert hat: Neben Harz und Wachs gehörte Honig zu den Tributleistungen, die sie den Korsen abpreßten.

Auch an einem anderen Naturprodukt Korsikas waren bereits die Etrusker sehr interessiert: Holz, das sie für den Schiffbau brauchten. Die in der Antike begonnene Abholzung der Mittelmeerwälder führte auf der Insel zwar nicht zum nahezu totalen Kahlschlag wie auf Sizilien, wo heute nur noch einige ehemalige Jagdforste von Vizekönigen übrig sind; das schwer zugängliche korsische Bergland mag ein Hindernis gewesen sein. Aber verschont blieben Korsikas Wälder nicht, die Ausbreitung der Macchiadickichte

Die südlichste Stadt Korsikas, Bonifacio, fasziniert durch ihre Lage. Auf schroffen Felsen (links), die von der Meeresbrandung zu bizarren Gebilden ausgewaschen worden ist, erheben sich die Häuser hoch über dem Wasser (rechts).

Am Ende des Restonicatales – rechts der Fluß bei Corte – liegt die Bergerie de Grotelle (links). In den Bergen leben im Sommer die Hirten mit ihren Tieren, und hier produzieren sie auch den köstlichen korsischen Käse.

war eine Folge der Abholzung in früheren Jahrhunderten. Dennoch zählen die Eichen-, Korkeichen-, Kastanien-, Kiefern- und Buchenwälder der Insel heute zu den schönsten im gesamten Mittelmeerraum. Der Bestand an Edelkastanien erstreckt sich immer noch über rund 30 000 Hektar. Die Forêts de Valdo-Niello, de Tartagine und d'Aitone, zusammen knapp 10 000 Hektar groß und berühmt wegen ihrer bis zu 60 Meter hohen Laricio-Kiefern und bis zu 40 Meter hohen Tannen und Buchen, gehören zu dem 1971 geschaffenen «Parc naturel régional de la Corse», einem mittlerweile 300 000 Hektar und 138 Gemeinden umfassenden Naturpark, der sich von Piana und Porto an der Westküste entlang der Hauptkammlinie des westkorsischen Berglandes bis kurz vor Porto-Vecchio an der Ostküste ausdehnt. Gefahr droht den Wäldern und der Macchia inzwischen vor allem von Waldbränden. Von 1955 bis Ende 1990 verwüsteten Tausende von Bränden insgesamt 4100 Quadratkilometer. Das entspricht 47 Prozent der Inselfläche, wobei allerdings zu berücksichtigen ist, daß weite Gebiete mehrfach von Feuern betroffen waren. Die Mehrzahl der Brände ist nicht etwa auf Blitzschlag, Selbstentzündung leicht brennbarer ätherischer Öle im Unterholz oder Unachtsamkeit von Menschen zurückzuführen: Einem Untersuchungsbericht von 1983 zufolge war vielmehr absichtliches Zündeln – sei es zur Vergrößerung und Verbesserung von Viehweiden oder zur Gewinnung von Baugrund – die Ursache der meisten Flächenbrände.

Das Herz Korsikas

Die Berge, die Wälder, die Macchia – das ist, wenn man so will, das eigentliche Korsika. Vom «là-bas», den Küstenregionen «da unten», und vom Meer hatten die Korsen in den zweieinhalb Jahrtausenden, in denen sie überhaupt von der Geschichtsschreibung registriert wurden, nie viel Gutes zu erwarten. Die Tiefebene im Osten war Malariagebiet und wurde erst nach dem Ende des Zweiten Weltkrieges durch amerikanisches DDT von der Mückenplage befreit. Übers Meer kamen, freilich nicht in allen Fällen ungebeten, immer neue Invasoren: Griechen, Etrusker, Karthager, Römer, Wandalen, Ostgoten, Byzantiner, Langobarden, Araber, Pisaner, Genuesen, Aragonesen, Franzosen, Briten. Entscheidend für den Rückzug der Küstenbevölkerung ins bergige Binnenland waren wohl die verheerenden Überfälle maurischer Korsaren, von denen Korsika seit dem frühen 8. Jahrhundert heimgesucht wurde. Sie endeten erst Anfang des 11. Jahrhunderts. In volkstümlichen korsischen Erzählungen wird das Meer zuweilen als Reich phantastischer und höllischer Wesen dargestellt und die Hölle selbst jenseits des Meeres angesiedelt. Für die Ernährung der Korsen hat das Mittelmeer stets nur eine untergeordnete Bedeutung gehabt. Was vor der Küste gefangen wird, reicht heute nicht einmal, um den einheimischen Bedarf zu decken, geschweige denn den der Touristen, die die Inselbevölkerung in den Monaten Juli und August mehr als verdoppeln.

Das Bergland mit seinen abgeschiedenen Tälern, seinem unwegsamen Gelände und seinem Buschwald bot nicht nur besseren Schutz vor Sklavenjägern, korrupten Steuereintreibern, plündernden Piraten und tyrannischen Inselbaronen, es war auch Nährboden des korsischen Freiheitskampfes gegen Fremdherrscher und Feudalherren. In den Bergen sammelten die Korsen ihre Kräfte für die Auseinandersetzungen mit den Römern, die sich fast über ein Jahrhundert hinzogen, nämlich von 259 bis 163 v. Chr. Als Antwort auf das Raubrittertum der Feudalherren im Hochmittelalter schlossen sich die Dörfer im Norden und im Zentrum der Insel in einem Bund freier Gemeinden mit einem gewählten Zwölferrat als oberstem gesetzgebendem Gremium zusammen; das Gebiet im Dreieck Calvi–Aleria–Brando (Cap Corse) wurde zur «Terra di Comune» erklärt.

Der Westen und der Süden der Insel mit der Cinarca, dem Ornano und mit dem Sartenais – im Unterschied zum «En-deça (des monts)», dem «Diesseits der Berge» mit den Landschaften Nebbio, Désert des Agriates, Balagne, Casinca, Castagniccia, Niolo und Fiumorbu, auf Korsika gemeinhin das «Au-delà», das «Jenseits der Berge» genannt – sowie der Norden der Halbinsel Cap Corse blieben dagegen bis ins 16. Jahrhundert hinein in der Hand von mächtigen Adelsgeschlechtern. Bei diesen Feudalherren handelte es sich in der Mehrzahl vermutlich nicht um Korsen, sondern um Nachfahren italienischer Patrizier oder ehemaliger Vasallen fränkischer und salischer Kaiser, die für ihre Verdienste im Kampf gegen die Sarazenen zu Lehnsherren erhoben worden waren und auf Korsika, das seit der Zeit Karls des Großen drei Jahrhunderte lang unter fränkischer Oberhoheit stand, erbliche Dynastien begründet hatten. Unter diesen tat sich ganz besonders die Familie Cinarchesi hervor, die im 13. Jahrhundert mit pisanischer Unterstützung de facto die gesamte Insel dominierte.

Die Castagniccia entwickelte sich zum Kernland des Widerstandes gegen die genuesische Herrschaft, die – mit kurzen Unterbrechungen – von 1284 bis 1768 dauerte. Finanziell ausgepumpt und von den rebellierenden Korsen in die Küstenbastionen zurückgedrängt, mußten die Genuesen es hinnehmen, daß Luigi Giafferi und Giacinto Paoli im Januar 1735 auf einer Volksversammlung in Corte die Unabhängigkeit Korsikas verkündeten; daß 1736 im Kloster Alesani in der Castagniccia der westfälische Baron und Abenteurer Theodor von Neuhoff zum ersten und einzigen korsischen König gekrönt wurde (er regierte nur sieben Monate); daß schließlich Pasquale Paoli 1755 aus dem neapolitanischen Exil auf die Insel zurückkehrte, zum General der Nation gewählt wurde und tatkräftig die Neuordnung des korsischen Staatswesens auf der Basis einer von ihm selbst erarbeiteten Verfassung betrieb. Nicht eine Küstenstadt, sondern das am Rand einer Talmulde zwischen westkorsischem Bergland und Castagniccia gelegene Corte wurde die Hauptstadt von Paolis Inselstaat, in dem, lange bevor in Boston Tee in den Hafen geschüttet und in Paris die Bastille gestürmt wurde, demokratische Grundregeln wie Gewaltenteilung und Volkssouveränität herrschten. In ganz Europa blickte man im 18. Jahrhundert auf Korsika und seinen Freiheitshelden Paoli, den «babbu di a patria» – Vater des Vaterlands. «In Europa gibt es noch ein der Gesetzgebung fähiges Land, nämlich die Insel Korsika», schrieb Jean-Jacques Rousseau in seinem «Gesellschaftsvertrag». – «Ein edel Volk ist hier auf Korsika», dichtete Friedrich Hölderlin, der die Insel nie gesehen hatte, und in England wurden nach Erscheinen eines Reiseberichts des Schriftstellers und Paoli-Verehrers James Boswell Spenden für Korsika gesammelt.

Fortsetzung Seite 33

Fischer im Alten Hafen von Bastia. Früher die Hauptstadt Korsikas ist Bastia heute der wichtigste Handelshafen, das wirtschaftliche Zentrum der Insel und Ankunftshafen für die Autofähren vom Festland.

Nächste Doppelseite: Saint-Florent, einst Handelsplatz der Römer, im Mittelalter Bischofssitz und Residenz des genuesischen Gouverneurs, ist heute die Hauptstadt des Nebbio. Ideal in einer Bucht gelegen, lockt Saint-Florent in jedem Sommer die Wassersportler an.

Der genuesische Wachturm von Miomo. Dieser kleine Hafenort liegt an der Ostküste des Cap Corse, nördlich von Bastia.

Vom Col de Serra auf Cap Corse führt ein Fußweg zur Moulin Mattei (389 Meter). Von dieser alten Mühle hat man einen herrlichen Rundblick. Benannt ist sie nach einer Spirituosenfirma, deren Zeichen sie gewesen ist.

Von viel Natur, Einsamkeit und schönen Sandstränden ist die Gegend um Barcaggio auf dem Cap Corse gekennzeichnet. Nur wenige Boote liegen am kleinen Anleger von Barcaggio.

Nächste Doppelseite: Blick von der Zitadelle auf den Alten Hafen von Bastia. Einst genuesischer Brückenkopf, ist der Alte Hafen längst für den modernen Schiffsverkehr zu eng geworden. Die großen Autofähren verkehren vom Neuen Hafen, der 1862 entstanden ist.

Diese Straße in Saint-Florent vermittelt eine typisch südländische Atmosphäre. Um eine Pause zu machen, reicht eine Bank und ein Gespräch mit Freunden.

Die Hafenpromenade von Saint-Florent säumen Cafés und Restaurants. In diesem idyllischen Ferienort am gleichnamigen Golf herrscht in der Hochsaison eine rege Betriebsamkeit.

Besonders für Landratten ist es immer wieder faszinierend, dem Leben im Hafen zuzuschauen und dabei über die Bedeutung der bunten Flaggen an den Fischerbooten zu rätseln. Hier der Hafen von Saint-Florent.

Nächste Doppelseite: Canari liegt direkt am Monte Cuccaro (832 Meter). Die Einwohner dieses Ortes lebten früher vorwiegend vom Asbestbergbau, der aber in den sechziger Jahren eingestellt wurde. Die riesigen Abraumhalden sind noch weithin sichtbar.

Die pisanisch-romanische Kirche San Michele bei Murato ist eine von vielen guterhaltenen Kirchen auf der Insel. Eindrucksvoll ist der Farbwechsel von grünlichem Serpentin und weißem Kalkstein. Prosper Mérimée hat sie «die eleganteste Kirche der Insel» genannt.

Der von Palmen und Platanen überschattete Place St.-Nicolas ist das Zentrum von Bastia. Hier laden zahlreiche Cafés und Restaurants, die ihre Stühle im Freien aufgestellt haben, zum Verweilen ein. Abends flaniert man auf dem Corso der Stadt, um zu sehen und gesehen zu werden.

Auf der gesamten Insel ziehen in der Karwoche Prozessionen durch die Straßen der Dörfer und Städte. Die Teilnehmer dieser Karfreitagsprozession von San-Martino-di-Lota in der Nähe von Bastia stärken sich für ihren weiteren Weg.

Nächste Doppelseite: Kaum ist die Sonne hinter den Bergen verschwunden, da leuchten auch schon die ersten Lichter auf, die sich zitternd im Wasser spiegeln: im Alten Hafen von Bastia.

Centuri-Port auf dem Cap Corse ist ein kleiner, hübscher Fischerhafen und beliebter Anlegeplatz. Wie Silber schimmert das Wasser im Licht der am Horizont versinkenden Sonne.

Vendetta und kein Ende

Die Franzosen, die die Insel 1768 von der zermürbten Republik Genua erwarben, benötigten danach noch ein volles Jahr, bis sie den Widerstand der Korsen gegen den Schacher am grünen Tisch in Versailles militärisch brechen konnten: In und von den Bergen aus operierend, fügten korsische Verbände unter Führung Paolis den französischen Truppen mehrere empfindliche Niederlagen zu, bis sie sich im Mai 1769 des Jahres in der Schlacht von Ponte Nuovo geschlagen geben mußten.

Drei Monate danach wurde in Ajaccio jener Napoleon Bonaparte geboren, der später als Kaiser der Franzosen durch seine Politik des rigiden Zentralismus Korsika endgültig in die Abhängigkeit vom französischen Festland brachte.

Die doppelte Isolation – zum einen vom Festland, zum anderen von der Küste – ließ im Innern der Insel eine Art Treibhausklima gedeihen, das sich seit dem Mittelalter immer wieder in oft jahrelangen blutigen Zwistigkeiten entlud und dies keineswegs nur zwischen Feudalherren und aufbegehrendem Volk. Ähnlich den Ghibellinen und Guelfen auf dem italienischen Festland bekriegten sich auf Korsika rivalisierende Familien in mit aller Grausamkeit geführten Fehden, unter anderem die Cinarchesi und die Biancolacci, die «rote» Partei der Rossolacci mit ihrem Anhang und die «weiße» Partei der Biancolacci mit ihrer Gefolgschaft. Anders als in Italien, wo der mörderische Parteienhader im 17. Jahrhundert verebbte, hielt er sich auf Korsika bis ins 19. Jahrhundert. Sartène war von 1830 bis 1840 Schauplatz blutiger Zusammenstöße zwischen den «weißen» Roccaserra und Durazzo auf der einen und den «roten» Ortoli und Susini auf der anderen Seite. Den Hintergrund dieser Fehden bildeten in jüngerer Vergangenheit latente soziale Konflikte, in Sartène beispielsweise der zwischen «weißer» Aristokratie und liberalem «rotem» Bürgertum, generell aber auch der schlichte Drang und Ehrgeiz einer Familie, die andere an öffentlichem Ansehen und Einfluß zu übertreffen.

Vor allem im letzten Punkt gab es keine Unterschiede zwischen dem Parteienhader großen Stils und der Blutrache namenloser Familien. Auch die Anlässe für das Ausbrechen der Feindseligkeiten waren gleichermaßen nichtig. Das Bellen eines Hundes, ein toter Esel oder eine tote Ziege auf dem Weg einer Hochzeitsgesellschaft, ein Hüsteln zur falschen Zeit, ein scheeler Blick – solche Lappalien konnten Auslöser sein für Mord und Totschlag, dafür, daß die Söhne getöteter Familienväter von Kindheit an systematisch zu Bluträchern herangezogen wurden. Die eigentliche Ursache war jedoch in der Regel der Neid, die Eifersucht auf den Nachbarn, der vielleicht ein höheres Ansehen genoß, einen etwas größeren Wohlstand besaß und dies durch den Erwerb eines Stückes Land, den Kauf eines neuen Hauses oder auch nur durch das Anbringen von neuen Fensterläden demonstrierte. Der Republik Genua gelang es in ihrer fast 500jährigen Herrschaft über die Insel nicht, die Vendetta zu unterdrücken. Pasquale Paoli verbot die Blutrache, die zuweilen die Bevölkerung ganzer Dörfer dezimierte. Aber noch in der ersten Hälfte des 19. Jahrhunderts forderte die Vendetta in manchen Fällen bis zu 60 Opfer. Geschützt durch die «omertà», die nicht nur auf Korsika übliche, vor allem aus Sizilien bekannte Mauer des Schweigens gegenüber der staatlichen Gewalt, zumal wenn diese nicht als solche akzeptiert wurde, führten die Täter häufig ein Banditenleben in der Macchia, bis sie selbst die nächsten Opfer wurden. Von der omertà profitieren heute auch die separatistischen Bombenleger unter den Korsen, obwohl bei weitem nicht alle Inselbewohner mit deren politischer Zielsetzung einverstanden sind.

Napoleon und sein Clan

Napoleon, der berühmteste Sohn der Insel, machte ganz Europa nachdrücklich mit korsischem Familiensinn und Clandenken bekannt, als er seinen sieben Geschwistern, seinen Schwägern, übrigen Verwandten und Vertrauten allenthalben Königreiche,

VENDETTA – RACHE BIS ZUM TOD

Wurde die Ehre eines Familienmitgliedes verletzt, konnte sie nur durch die Ermordung eines Angehörigen der feindlichen Sippe wiederhergestellt werden. So führte die Vendetta oftmals zur Ausrottung ganzer Familien. Zu diesem Thema ist das folgende Gespräch des bekannten französischen Schriftstellers Alexandre Dumas mit seinem korsischen Gastgeber Lucien Franchi aus dem Jahre 1841 überliefert:

«Doch sagen Sie, was war eigentlich das Motiv für jene große Fehde, die, soweit ich es nach Ihrer Erzählung zu beurteilen vermag, auf dem besten Wege ist, beigelegt zu werden?»
«Oh!» entgegnete Lucien, «bei einer solchen Fehde zählt nicht das Motiv, sondern das Resultat. Wenn eine Fliege durch einen Irrflug den Tod eines Menschen verursacht hat, so ändert das doch nichts an der Tatsache, daß dieser Mensch tot ist.»

hat das Ganze mit einem Streit zwischen den Orlandis und den Colonas.»
«Bei welcher Gelegenheit?»
«Nun, aus dem Hühnerhof der Orlandis ist ein Huhn entwischt und zu den Colonas hinübergeflattert. Die Orlandis sind gekommen und wollten ihr Huhn zurückhaben; doch die Colonas behaupteten, es sei ihrs; worauf die Orlandis drohten, sie würden die Colonas vor den Friedensrichter schleppen und sie den Eid drauf schwören lassen.
Da hat die alte Colona dem Huhn kurzerhand den Hals umgedreht und es ihrer Nachbarin an den Kopf geworfen: Na los, wenn's dir gehört, dann friß es!
Einer aus dem Orlandi-Clan hat das

«Neun Personen sind getötet worden.»
«Und das alles nur wegen eines elenden Huhns, das zwölf Sous wert war?»
«Freilich. Doch ich sagte Ihnen ja bereits: Es kommt nicht auf die Ursache an, sondern auf das Resultat.»

LAMENTO EINES VON DER VENDETTA BETROFFENEN

Im Lamento wird in einer heroisierenden oder auch in einer elegischen Tonart von der Blutrache, von Mord und von Totschlag erzählt. Im folgenden Textauszug aus einer Abhandlung von Paul Bourde aus dem 19. Jahrhundert wird von der Wehklage eines vom Unglück Heimgesuchten berichtet.

Jahrhundertelang hat die Vendetta Angst und Schrecken verbreitet: Beim Blute des Ermordeten schwören die beiden Frauen Rache (kleine Bilder). Die Totenklage am Bett eines Verstorbenen war Aufgabe der Frauen (links). Das kleine Bild (rechts) zeigt die «Tochter eines Banditen» am Grab ihres Vaters (Foto um 1910).

Ich bemerkte wohl, daß er zögerte, mir die Ursache des schrecklichen Familienkriegs zu offenbaren, der das Dorf Sullacaro seit zehn Jahren entzweite. Allein, je verschwiegener er sich zeigte, desto hartnäckiger insistierte ich.
«Aber für diese Fehde muß es doch irgendein Motiv gegeben haben! Ist dies Motiv ein Geheimnis?»
«Nein, weiß Gott nicht. Angefangen

Huhn an den Beinen gepackt und aufgehoben, um die Alte, die es seiner Schwester an den Kopf geworfen hatte, damit zu schlagen.
Doch just als er die Hand hob, hat ihn ein Colona, dessen Gewehr unglückseligerweise durchgeladen war, aus nächster Nähe niedergestreckt und getötet.»
«Und wie viele Menschenleben hat dieser Zwist bisher gekostet?»

Aus dem Lamento des Piétri: «Das Leben des Banditen: – in den Wäldern umherirrend, – Hunger und Durst leidend, – stets auf der Suche nach einem sicheren Unterschlupf.
Doch da ich nun gefallen bin, – soll es mich nicht gereuen; – meine Feinde will ich suchen, – um sie vernichten zu können, – denn sie sind der Grund – all meiner Not.»

Napoleons Clan herrschte im 19. Jahrhundert in ganz Europa: Der Kaiser besetzte in selbstherrlicher Manier Fürstentümer und Throne mit den Mitgliedern seiner Familie (links).

Napoleon als junger Konsul (rechts) in der für ihn typischen Haltung. Er bestimmte Ajaccio zur Hauptstadt der Insel. Sie war es bis zum Jahre 1975.

Fürstentümer, Kardinalsstühle und sonstige Ämter und Würden zuschanzte. Der Napoleon-Clan war nicht der erste und nicht der letzte auf Korsika. Seit dem Mittelalter haben Oberhäupter von Adelsdynastien und zu Macht und Einfluß gekommene Notabeln immer wieder Paladine und Klienten um sich geschart und sich zu Clanchefs aufgeschwungen, die einerseits ihre Klienten beschützten, deren Interessen wahrnahmen und einzelne Gefolgsleute – wenn es angebracht erschien – belohnten, andererseits aber auch die Anerkennung der hierarchischen Ordnung innerhalb des Clans, Dienstleistungen und Gefälligkeiten von ihrem Anhang erwarteten. Wenn diese Clans auch nicht oder nur selten die kriminelle Energie entwickelten wie die sizilianischen Mafiafamilien, so ist die strukturelle Verwandtschaft doch offenkundig.

Clanwesen und Klientelismus haben sich auf Korsika bis heute erhalten. In früheren Zeiten mochte die Dienstleistung des Klienten darin bestanden haben, den Patron bei militärischen Unternehmungen oder bei einer Familienfehde auch durch Einsatz des Lebens zu unterstützen, die Belohnung vielleicht in einem Stück Land. Heute kann die Gefälligkeit zum Beispiel durch Stimmabgabe für eine bestimmte politische Gruppierung, durch Parteinahme bei öffentlichen Auseinandersetzungen oder durch Hilfe bei wirtschaftlichen Transaktionen erwiesen werden; zur Belohnung fällt dann durch wundersame Fügung möglicherweise ein Bauauftrag oder eine Beförderung ab – eine Hand wäscht die andere. Es gilt als offenes Geheimnis, daß auf Korsika in den letzten beiden Jahrzehnten, über alle Ämter und politische Parteien hinweg, zwei Clanchefs das Sagen hatten: François Giacobbi in Bastia und Jean-Paul de Roccaserra in Porto-Vecchio.

So bedeutsam das Bergland in der Vergangenheit als Hauptschauplatz korsischer Geschichte auch gewesen ist, so bedeutungslos ist es in der Gegenwart. Von der Entvölkerung Korsikas – im Zeitraum von 1884 bis 1955 sank die Einwohnerzahl Korsikas um 106 000 auf 170 000, vor allem aufgrund massiver Abwanderung – war es am stärksten betroffen. Während insgesamt wieder steigende Bevölkerungszahlen verzeichnet werden, rutschen im Binnenland immer mehr Gemeinden unter die Hundert-Einwohner-Marke (inzwischen sind es schon über 150 der 360 Kommunen auf der Insel), und die 186 Bergdörfer haben zwischen 1982 und 1990 pro Jahr im Schnitt rund 500 Ein-

Wie überall in den südlichen Ländern spielt sich das Leben in der Regel im Freien ab. Auffällig ist, daß man überall auf der Insel viele ältere Menschen trifft. Einer der Männer in dieser Galerie korsischer Gesichter (links unten) trägt die typische Kleidung der Korsen: Schwarze Samtweste und einen schwarzen Hut.

Die Jungen sind häufig abgewandert, um, vorzugsweise auf dem französischen Festland, Arbeit zu finden. Zurück bleiben die Alten. Für das Jahr 2000 wird prognostiziert, daß die Zahl der Neugeborenen niedriger als die Zahl der Siebzigjährigen sein wird. Die beiden Frauen (oben rechts) tragen die charakteristischen Schultertücher, Mandile genannt. Die alte Frau (oben links) flicht aus Palmenblättern Schmuck für die Karfreitagsprozession.

wohner verloren. Und die Überalterung nimmt weiter zu. In einigen Gemeinden ist schon jeder zweite, mindestens aber jeder dritte Einwohner über 60 Jahre alt, und in manchen korsischen Kantonen ist die Sterbeziffer doppelt so hoch wie die nationale und liegt dazu noch chronisch über der Geburtenziffer. Bei den 7000 bäuerlichen Betrieben, die seit 1955 verschwunden sind, handelte es sich zum überwiegenden Teil um kleine Anwesen im Bergland mit Nutzflächen von weniger als fünf Hektar. Auch die traditionelle Weidewirtschaft geriet trotz teilweise garantierten Milchabsatzes bei den Roquefortkäsereien auf dem Festland in die Talfahrt. Das ist unter anderem auch an der Entwicklung des Schafbestandes abzulesen: Während es 1960 noch 4000 Herden mit insgesamt 220 000 Schafen gab, waren es 1988 nur noch 921 Herden mit 120 000 Schafen. Die grandiose Bergeinsamkeit hat doch eine ernüchternde Kehrseite. Staatliche Statistiker sprechen von der «désert de l'intérieur», der Wüste im Binnenland der Insel.

Mediterranes Klima, kristallklares Wasser und menschenleere Sandstrände – das ist Korsika, ein wahres Urlaubsparadies. Dieses Versprechen erfüllt auch der Plage de Ruppione.

Korsischer Tourismus – Chancen und Risiken

Die Küste, einst wegen der Bedrohung durch Piraten verlassen und später von fremden Machthabern durch Städtegründungen und Festungsbauten gleichsam in einen Gürtel verwandelt, der das Binnenland umschloß, ist heute der Bevölkerung, der Wirtschaftskraft und dem Tourismus nach der belebtere, gewichtigere und bevorzugte Teil der gesamten Insel. Allein in den beiden größten Städten, Ajaccio und Bastia, sowie in deren Einzugsgebieten leben über 50 Prozent der 250 000 Einwohner, die 1990 auf Korsika gezählt wurden. Auf diese beiden Zonen konzentrieren sich auch das Baugewerbe und – soweit überhaupt vorhanden – die Industrie. Drei von fünf Touristen, die Korsika besuchen, halten sich ausschließlich in den Küstengebieten auf, überwiegend in der Balagne und in der Umgebung von Ajaccio und Porto-Vecchio.

Die Bevölkerung Korsikas insgesamt wächst, aber der korsische Anteil an der Bevölkerung schrumpft: Schätzungen zufolge haben Korsen nur noch eine knappe Mehrheit auf ihrer Insel. Der beträchtliche Rest setzt sich aus zugewanderten Festlandfranzosen, Repatriierten aus ehemaligen französischen Kolonien und rund 25 000 Ausländern (Stand: 1990) zusammen. Bis 1962, also bis zur Unabhängigkeit Algeriens, kamen von dort 6000 Repatriierte nach Korsika, bis 1975 weitere 8000 sowie 12 000 aus anderen ehemaligen Besitzungen. Den Zuwachs hatten vor allem die Küstenregionen zu verkraften. Die «pieds noirs», die «Schwarzfüße», wie die Algerienfranzosen genannt wurden, siedelten beispielsweise überwiegend im östlichen Küstentiefland. Bei den Ausländern handelt es sich vornehmlich um Nordafrikaner, die als landwirtschaftliche Hilfskräfte arbeiten, und Italiener, die im Hotel- und Gaststätten- oder im Baugewerbe beschäftigt sind. Dem Strom von Zuwanderern, der seit 1962 wieder für steigende Bevölkerungszahlen sorgt – in drei Jahrzehnten ein Plus von 74 000 –, steht immer noch ein Exodus junger Korsen gegenüber, die auf dem Festland ein breiter gefächertes Angebot an Arbeitsplätzen und bessere Verdienstmöglichkeiten zu finden hoffen. In und um Marseille leben weit mehr Korsen als auf der Insel, nämlich rund 200 000.

Überfremdung nennen korsische Nationalisten, was sich in den letzten 30 Jahren auf der Insel getan hat, und es fällt schwer, sie zu widerlegen. Der Bevölkerungszuwachs von außen bescherte Korsika zwar einen bescheidenen Wirtschaftsaufschwung: Baufirmen und Dienstleistungsunternehmen erhielten dadurch neue Impulse, der Tourismus blühte kräftig auf, und die Zahl der Erwerbstätigen stieg. Aber durch diese Entwicklung geriet die Insel auch aus dem Gleichgewicht, veränderte sich das soziale Gefüge, und sie

Im Gegensatz zur wildzerklüfteten Westküste der Insel präsentiert sich die Ostküste mit traumhaften Sandbuchten. Strand in der Nähe von Favone.

verschärfte den Gegensatz zwischen in Traditionen erstarrtem Binnenland mit stark überalterter, daher zum guten Teil inaktiver Bevölkerung, altväterlicher Landnutzung und geringer Kaufkraft einerseits und «dynamischer» Küste andererseits, wobei sich diese wirtschaftliche Dynamik, von den Bereichen Landwirtschaft und Tourismus abgesehen, allerdings weitgehend auf Ajaccio und Bastia beschränkte.

Mit den ehemaligen Afrikakolonisten kamen neue Anbaumethoden nach Korsika. Die staatlich geförderten pieds noirs führten die Wein- und Obstmonokultur ein und bebauten im Durchschnitt größere Flächen, als es die alteingesessenen Korsen taten, so daß ein Graben aufbrach zwischen marktorientierter, intensiver Agrarproduktion an der Küste und Landwirtschaft mit häufig im Nebenerwerb oder von Bauern im Rentenalter geführten Kleinbetrieben im Inneren der Insel. Spannungen zwischen Einheimischen und Zugewanderten blieben daher nicht aus. Neid und Eifersucht, auf Korsika schon immer die Auslöser für Konflikte, mochten – gepaart mit nationalistisch gefärbten Emotionen – daran ebenso beteiligt sein wie die latente Arroganz, die die Repatriierten gegenüber den «rückständigen» korsischen Bauern zeigten, die sich selbst dann nur selten von ihrem Landbesitz trennen, wenn sie ihn auch längst nicht mehr bewirtschaften, und so die Zusammenlegung kleiner zu rentableren großen Anbauflächen verhindern. Nicht zufällig begannen die Gewaltaktionen korsischer Nationalisten 1975 mit der Besetzung eines Weingutes bei Aleria an der Ostküste.

Auch der Tourismus, die größte Einnahmequelle der Insel, hat Verwerfungen im wirtschaftlichen und sozialen Gefüge zur Folge. Daß Touristen neue Sitten und Gebräuche – als Beispiel sei nur das Nacktbaden genannt – eingeführt haben, spielt dabei noch die geringste Rolle. Da sich der Tourismus zu 90 Prozent auf die Monate Mai bis September und zu 60 Prozent auf die Küstenregionen beschränkt, steigt die Bevölkerung manch kleiner Gemeinde während der Saison auf das Fünf- bis Achtfache, so daß stillen Dörfern, die sonst überwiegend von Pensionären bewohnt sind, vorübergehend ein ganz anderer Lebensrhythmus aufgenötigt wird und sei es nur durch den stärkeren Verkehr auf den Straßen. Die Fremdenverkehrsämter versuchen inzwischen, der Konzentration des Touristenzustroms auf das Sommerhalbjahr mit Slogans wie «Korsika zu jeder Jahreszeit» entgegenzuwirken. Ob das Erfolg haben wird auf einer Insel, die mit ihren rund 300 Kilometern Strand und dem mediterranen Klima zum sommerlichen Badeurlaub geradezu einlädt, ist zumindest zweifelhaft.

Aus korsischer Sicht hat der Tourismus auch noch einen Pferdefuß: Die meisten großen Hotels und Feriendörfer sind in der Hand kapitalkräftiger Unternehmer

Mit Ausnahme der größeren Städte und der Touristenzentren an den Küsten ist die Insel, wie seit Jahrhunderten, vom ländlichen Leben geprägt. Transportmittel und Reittier ist vielerorts das Maultier. Und das kleine Stück Land vor dem Haus wird häufig auch noch in «Handarbeit» bestellt.

und Gesellschaften auf dem Festland, und in vielen Fällen wird nahezu alles, von der Butterration zum Frühstück bis zum Mobiliar, importiert. Von den knapp 3,3 Milliarden Francs, die 1,2 Millionen Touristen 1988 auf Korsika ausgaben, blieben nur gut 1,8 Milliarden auf der Insel, der Rest des Geldes floß wieder ab als Bezahlung für Importe und für Saisonarbeitskräfte vom Festland oder aus dem Ausland. Mit anderen Worten, von 100 Francs, die ein Tourist auf Korsika ausgab, gelangten nur 56 in den Wirtschaftskreislauf der Insel. So trägt der Fremdenverkehr unter anderem auch zur ohnehin schon sehr unausgewogenen Handelsbilanz der Region bei. Allein die Einfuhr von Lebensmitteln liegt, gemessen am Volumen, über der gesamten Warenausfuhr der Insel.

Trotz des Aufschwungs in den letzten Jahren zählt Korsika wirtschaftlich immer noch zu den strukturschwächsten Regionen Frankreichs. Das regionale Bruttoinlandsprodukt beträgt rund 19 Milliarden Francs oder gut 75 000 Francs pro Inselbewohner gegenüber 10 200 im französischen Durchschnitt. An der Wertschöpfung sind Dienstleistungen öffentlicher und privater Art zu drei Vierteln beteiligt, die Industrie – das ist vor allem Nahrungsmittelproduktion – steuert ein Zehntel bei. Die Wirtschaft ist in hohem Maß vom Tourismus und von der Landwirtschaft abhängig und daher sehr anfällig. Wenn der Tourismus, wie in der ersten Hälfte der achtziger Jahre, stagniert oder gar rückläufig ist, schlägt dies auf die gesamte Wirtschaft durch. Es bestehen kaum Chancen, daß Korsikas Ökonomie in Zukunft eine breitere Basis bekommen könnte. Bei einer Bevölkerungsdichte von nur 29 Einwohnern pro Quadratkilometer – einer Zahl, die ohne Ajaccio und Bastia noch erheblich niedriger läge –, bei einer Bevölkerung mit drei Prozent mehr Menschen im Rentenalter als im nationalen Durchschnitt und nur einem Erwerbstätigen unter drei Einwohnern lohnen sich größere Investitionen nicht: Prognosen für das Jahr 2000 zufolge wird die Bevölkerung Korsikas zwar auf ungefähr 267 000 Einwohner anwachsen, aber auch die Überalterung wird noch weiter zunehmen. Und zwar in einem Ausmaß, daß die Zahl der Neugeborenen dann möglicherweise sehr viel niedriger liegt als die der Siebzigjährigen.

Korsika und Frankreich

Korsika liegt dem italienischen Festland näher als dem französischen. Es trennen die Insel 85 Kilometer von der toskanischen Küste, doppelt so weit ist es bis zur Côte d'Azur. Das Erbe jener Jahrhunderte, in denen Korsikas Geschicke von Italien aus gelenkt wur-

Die Balagne, die Region im Nordwesten der Insel, wird der «Garten Korsikas» genannt. Auf den alten Hirtenwegen durch das Gebirge werden wie eh und je Maultiere benutzt.

den, tritt immer noch deutlicher hervor als die Spuren der über 220jährigen Zugehörigkeit zu Frankreich. Die korsische Sprache ist dem Italienischen verwandt, im Nordosten der Insel dem Toskanischen, im Süden dem Sardischen. Italienischen Ursprungs sind einige der schönsten Bauwerke auf Korsika: die pisanischen Kirchen La Canonica südlich von Bastia und San Michele bei Murato, die schlichten genuesischen Brücken. Unübersehbar sind die Festungen und Wachtürme, die während der genuesischen Herrschaft entlang der Küste errichtet wurden. Die meisten Orte, Flüsse, Berge und Landschaften, ja sogar viele Korsen haben italienische Namen. Zwar hören heute fast alle Inselbewohner auf französische Rufnamen, insbesondere auf zwei: Jeder sechste Mann heißt Jean, jede vierte Frau Marie. Die Liste der 50 häufigsten Familiennamen – sie würde genügen, um ein Fünftel der Bevölkerung aufzurufen – liest sich jedoch immer noch wie das Einwohnerverzeichnis eines Wohnblocks in Rom oder Mailand. Diese Namen sind durchweg italienisch – von Acquaviva über Graziani und Rossi bis Susini und Torre. Herrn Meier in Deutschland und Monsieur Dupont in Frankreich entspricht auf Korsika der Monsieur Casanova. Bei der Auswertung korsischer Wählerlisten für eine Namensstatistik tauchten unter 155 000 Wahlberechtigten allein 1322 Casanovas auf.

Es ist allerdings eine oberflächliche Verwandtschaft, die Korsika mit Italien verbindet. Mussolinis Traum von einem Großitalien unter Einschluß Korsikas erwies sich als wirklichkeitsfremd. Während des Zweiten Weltkrieges formierte sich ein starker Widerstand gegen italienische und deutsche Besatzer. Er trug dazu bei, daß Korsika 1943 als erste Region Frankreichs befreit wurde, und der Mann, der diesen Widerstand organisierte, trug auch einen italienischen Namen: Fred Scamaroni.

Loyal kämpften Korsen in zwei Weltkriegen für Frankreich, mindestens 20 000 von ihnen starben allein im ersten. Nach dem zweiten, besonders seit den sechziger Jahren, schlichen sich jedoch Irritationen ein. Sie haben zu einer Distanz zwischen Insel und Festland geführt, die sichtbar wird, wenn Korsen statt der Trikolore den Mohrenkopf mit weißem Stirnband auf weißem Grund hissen. Sie wird deutlich durch das Nebeneinander von französischer Amts- und korsischer Volkssprache, und sie wird auf brutale Weise demonstriert, wenn die Extremisten unter den Nationalisten Bomben zünden.

Korsische Nationalisten machen vor allem den französischen Zentralismus für die Spannungen verantwortlich. Daß alle wichtigen Entscheidungen, die Korsika betreffen, über die Köpfe der Inselbewohner hinweg im fast 900 Kilometer entfernten Paris gefällt, daß hohe Posten in Verwaltung, Justiz und Polizei von dort aus mit Beamten vom Festland besetzt wurden, daß die korsische Sprache nicht in den Lehrplan der Schulen aufgenommen werden durfte – dies alles bildete zusammen mit der Überfremdung der Bevölkerung und der Wirtschaft in den letzten 30 Jahren den Hintergrund für die Forderung der Nationalisten nach Unabhängigkeit. Die separatistischen Bestrebungen finden auf Korsika jedoch nur bei einer kleinen, allerdings radikalen Minderheit Unterstützung. Die Verbindung mit Frankreich hat ihre Vorteile: Jährlich fließt das Mehrfache des korsischen Steueraufkommens in Form von Zuschüssen auf die Insel zurück.

Um den Konflikt zwischen Insel und Festland zu entschärfen, kam die sozialistische Regierung in Paris 1982 der korsischen Forderung nach Selbstbestimmung entgegen. Korsika hat seither als einzige Region Frankreichs ein Autonomiestatut, das unter anderem Wahlen zu einer regionalen Volksvertretung gestattet. 1990 gewährte Paris weitere Sonderrechte, die auch den Schulunterricht in korsischer Sprache erlaubten.

Insel der Schönheit? Als Marginalie zur Berichterstattung über die zweite korsische Regionalwahl veröffentlichte die Pariser Zeitung «Libération» 1984 die persönlichen Eindrücke einer Justizbeamtin aus Asnières-sur-Seine, die den korrekten Verlauf der Wahl im Gebiet von Sartène zu bewachen hatte. Die Schilderung, nebenbei ein Beleg für das zwiespältige Verhältnis von Festlandfranzosen – Asnières liegt im Bannkreis von Paris – zu Korsika, begann folgendermaßen: «Ich war vor zwei Jahren, anläßlich der ersten Regionalwahl, schon einmal hier, um den Verlauf der Abstimmung in einem Dorf bei Bastia zu verfolgen. Ich begegnete damals Menschen und einer Situation, über die ich nicht mehr wußte als einen Querschnitt durch einige verschwommene Klischees: Betrug, Gewalt, Klientelismus ... Von einem Gericht in Asnières aus betrachtet, war das ein bißchen unwirklich, ja sogar exotisch. Und dann gab es da diese grandiosen Landschaften, diese sonderbaren Leute. Ich hatte Lust wiederzukommen. Am 31. Juli bin ich mit dem Auto geradewegs nach Sartène aufgebrochen wie zu einer Fahrt ins Blaue.»

Ibiza ist vielleicht «schicker», Sizilien sicher reicher an antiken Zeugnissen, Korsika ist – aller politischen, Touristen selten tangierenden Turbulenzen zum Trotz – ein großartiges Naturerlebnis, wie es keine andere Insel im Mittelmeer zu bieten hat: schön, grandios, idyllisch, malerisch. Es gibt viele Wörter, zugleich treffend und leer.

Auf halber Strecke zwischen Ajaccio und Sartène, knapp zehn Kilometer abseits der Nationalstraße 196 liegt Filitosa. Eine Allee führt zu phallischen Steinpfeilern mit vollplastischen Männerköpfen und Steinblöcken mit Reliefdarstellungen von Kriegern, Überresten der Megalithkultur. Filitosa ist auf Korsika nicht die einzige, aber zweifelsohne die bedeutendste Fundstätte von Zeugnissen eines prähistorischen Ahnen- und Totenkultes, der sich seit dem vierten Jahrtausend v. Chr. in Westeuropa, wahrscheinlich entlang alter Seewege, ausbreitete und dem auch das altkorsische Hirtenvolk anhing. Den Kern des Kultes bildete wohl die Vorstellung, daß die Toten in unzerstörbaren Steingräbern, den sogenannten Dolmen, weiterleben würden. Menhire, so heißen die Steinpfeiler auf den Gräbern, sollten die Verstorbenen symbolisieren. Maskenartige, halbplastische Gesichter, mal feierlich-ernst, mal dämonisch-finster blicken den Betrachter mit jahrtausendealten Augen an. Wieder stiehlt sich die Zeit davon. Wieder ist da eine Ahnung von Ewigkeit, und Korsika ist schön.

Die Casinca ist eine fruchtbare Region an der Ostküste. In ihren Dörfern findet man die für diese Orte typischen Häuser, einfache, hohe Bauten aus grauem Schiefer. Hier in Loreto-di-Casinca.

Nächste Doppelseite: Mit dem Land der Casinca verbindet sich schon seit Jahrhunderten die Vorstellung von fruchtbaren Böden und einem daraus resultierenden bescheidenen Wohlstand ihrer Bewohner. Ein Bauer bei der Feldarbeit in Loreto-di-Casinca.

Wie fast in allen südlichen Ländern sieht man in den Straßen der kleineren Orte häufiger Männer als Frauen. Hier sind es Hirten, die sich beim Viehmarkt, «fiera» genannt, auf dem Col de Prato getroffen haben und vielleicht einen erfolgreichen Verkauf besprechen.

Dieser Ziegenhirte melkt eines seiner Tiere. Korsika ist berühmt für die zahlreichen Käse, von denen der bekannteste der «brocciu» ist. Dieser quarkartige Weichkäse wird auf viele Arten zubereitet.

Ob diese beiden einen Vertrag abgeschlossen haben, oder ob sich der Fußgänger auf dem Sattelzeug des Maultieres nur eine Zigarette dreht?

Nächste Doppelseite: In Morosaglia, das in den Bergen der Castagniccia liegt, wurde am 6. April 1725 der korsische Widerstandskämpfer Pasquale Paoli geboren.

Bis weit ins 19. Jahrhundert waren Kastanien die Existenzgrundlage der meisten Bewohner der Castagniccia. Noch heute ist dieser Landstrich zwischen den Flüssen Golo und Tavignano von dichten Kastanienwäldern bedeckt.

Immer zu dritt sitzen die Eßkastanien in ihrer Stachelhülle (links oben). Die geernteten Kastanien (rechts oben) werden zuerst von ihrer harten Hülle befreit, getrocknet und dann gekocht oder zu Mehl gemahlen.

Ende Oktober, Anfang November sind die Eßkastanien reif. Doch heute sieht man nur noch selten jemanden beim Sammeln der Kastanien. Die Früchte werden mit Hilfe eines dreizackigen kurzen Rechens, «ruspula» genannt, aus ihrer stacheligen Hülle geholt.

Im unwegsamen Gelände, wo die Wege durch die Wälder nur schmal sind, benutzt man wie in früheren Zeiten auch heute noch Maultiere. Dieser Korse bei Soccia bringt seine Jagdbeute, ein Wildschwein, auf dem Rücken des Mulis nach Hause.

Nächste Doppelseite: Eine fast ungestörte Badeidylle bietet sich am Flußlauf der Solenzara. Der romantische Wildbach mündet nördlich des gleichnamigen Ortes an der Ostküste ins Meer.

Die Kathedrale Sta. Maria Assunta, auch La Canonica genannt, gilt als der Inbegriff romanischer Baukunst auf der Insel. Errichtet wurde die Kirche im Schwemmland des Golo, wo sich einst die römische Siedlung Mariana befand. Der Bischof von Pisa hat La Canonica im Jahre 1119 geweiht.

Das Fort Matra in Aleria beherbergt im Musée Jérôme Carcopino eine sehenswerte Sammlung von Ausgrabungen mit Funden aus dem 5. Jahrhundert v. Chr. Damals ist Aleria eine griechisch-römische Kolonie gewesen.

Die Ruine des Franziskanerklosters Couvent d'Orezza in der Castagniccia. An diesem Ort wurde 1735 die Unabhängigkeit der Insel proklamiert, hier versammelten sich die Angehörigen des korsischen Widerstandes gegen die Genuesen um Pasquale Paoli.

Nächste Doppelseite: Die Ostküste Korsikas in der Casinca.

Kennzeichen der Berglandschaft in der Castagniccia sind dichte Kastanienwälder. Viele der Dörfer in dieser Gegend verdanken ihre Entstehung dem Reichtum, den die Nutzung dieser Bäume einst brachte. Die Wälder, eine Planung der Genuesen, wurden im 13. Jahrhundert und Mitte des 18. Jahrhunderts gepflanzt.

Zur Geschichte und Kultur Korsikas

Ankunft

Die Insel Capraja verdeckt das Westende Korsikas, aber hinter ihr steigen die blauen Berge des Kap Corso in weit ausgedehnten Linien aus dem Meer auf.

Noch weiter westlich zeigt sich Elba, ein mächtig herausgehobenes Felseiland, nach dem Festland zu absinkend und der Terra Firma von Piombino zugekehrt, die in schwachen Linien angedeutet war.

Das Meer strahlte im tiefsten Purpurblau, und die hinter Capraja untersinkende Sonne überzog die Segel vorüberfahrender Schiffe mit einem sanften Rosenrot. [...]

Mittlerweile wurde es dunkel. Die Sterne leuchteten prächtig, und die Meereswellen phosphoreszierten. Hoch über Korsika blickte die Venus, der stellone oder der große Stern, wie ihn die Schiffer nennen und auf den das Schiff hielt. Wir segelten zwischen Elba und Capraja und hart an den Felsen der letzteren vorbei. Dort saß einst der Geschichtsschreiber Paul Diaconus in der Verbannung, wie einst Seneca auf Korsika acht lange Jahre der Verbannung verlebt hatte.

Capraja ist ein nackter Granitfelsen. Ein genuesischer Turm steht malerisch auf einer Klippe, und der einzige Ort der Insel, ihres Namens, versteckt sich furchtsam hinter dem gigantischen Felsen, den die Festung krönt. Die weißen Mauern und die weißen Häuser, das dürre rötliche Gestein, die große Öde und Weltverlassenheit machen den Eindruck irgendeiner syrischen Felsenklippenstadt. [...] So betrat ich denn zum erstenmal die Insel Korsika, die mich schon als Kind so mächtig gelockt hatte, wenn ich sie auf der Karte betrachtete. Der erste Eintritt in ein fremdes Land, zumal in der Nacht, die es geheimnisvoll verschleiert, ist ungemein erwartungsvoll und spannend, und die ersten Eindrücke pflegen für ganze Tage zu bestimmen.

FERDINAND GREGOROVIUS, 1878

Bastia

Die Lage Bastias ist, wenn auch nicht ausgezeichnet, doch immer überraschend. Die Stadt liegt im Amphitheater um den kleinen Hafen; das Meer bildet hier keinen Golf, sondern nur einen Landungsplatz, eine Cala. Die rechte Seite des Hafens sperrt ein gigantischer schwarzer Felsen, vom Volk Leone genannt, weil er einem Löwen ähnlich sieht. Über ihm steht das finstere, genuesische Fort, der Donjon. Links läuft der Kai in einen Molo aus, der auf einer Spitze einen kleinen Leuchtturm trägt.

Über dem Hafen nun steigt die Stadt in Terrassen auf, hohe Häuser eng zusammen, turmartig, mit vielen Balkonen: über die Stadt weg ragen die grünen Berge mit einigen verlassenen Klöstern und schönen Olivenhainen; auch Fruchtgärten von Orangen, Zitronen und Mandeln gibt es da in Fülle.

FERDINAND GREGOROVIUS, 1878

Ein Ausflug

Ich stieg über Bastia in die nächsten Berge hinauf. Dort ist die Aussicht auf die Stadt, das Meer und die Inseln erfreuend. Wein- und Olivengärten, Orangen, kleine Landhäuschen in den bizarrsten Formen, hie und da eine Fächerpalme, Grabkapellen unter Zypressen, von Efeu ganz erstickte Ruinen, das liegt dort zerstreut. Die Stege sind mühsam und beschwerlich; man wandert über Steingeröll und an Mauern, zwischen

Brombeerhecken und Efeugewinden und wildem Distelgewucher. Der Blick nach der Südküste Bastias überraschte mich. Dort treten die Berge, wie fast alle Berge Korsikas von den schönsten Pyramidenformen, weiter zurück und senken sanft eine lachende Ebene nieder. Dort liegt malerisch der große Teich von Biguglia, von Schilf umkränzt, tot und still, kaum von einem schmalen Fischerkahn durchschnitten. Die Abendsonne ging eben unter, als ich diesen Blick genoß. Der Teich erschimmerte rosenrot, die Berge desgleichen, und das Meer war voll vom Abendglanz, ein einzelnes Schiff glitt darüber hinweg. Die Stille einer großen Natur beruhigt die Seele.

FERDINAND GREGOROVIUS, 1878

Tiere auf Korsika: Ob Schafe, Ziegen oder Kühe, die Nutztiere leben hier im Freien und nicht in Ställen. Daher werden die Schafe (oben links) zum Melken in einen Pferch, «cumpulu» genannt, getrieben.

Die Tierwelt «Es gibt dort unendlich viele Wildschweine», berichtete Ellis; «aber man muß sie von zahmen Schweinen, mit denen sie große Ähnlichkeit haben, unterscheiden lernen. Wer das Pech hat, ein zahmes Schwein zu schießen, der bekommt es mit den Sauhirten zu tun. Diese tauchen, bis an die Zähne bewaffnet, plötzlich aus dem – macchia benannten – Dickicht hervor, lassen sich das Tier mit dem zehnfachen Preise bezahlen und schlagen sich dann hohnlächelnd wieder in die Büsche.

Des weiteren finden Sie dort das Mouflonschaf, ein merkwürdiges Tier, das sonst nirgends vorkommt, ein ausgezeichnetes Wildbret abgibt, aber sehr schwer zu erlegen ist. Ferner gibt es Hirsche, Damwild, Fasanen, Rebhühner – oh, wer das ganze im korsischen Busch umherwimmelnde Getier aufzählen wollte, käme niemals zu Ende! Wenn Sie auf Jagen erpicht sind, Colonel, dann gehen Sie nach Korsika! Dort kann man – wie einer meiner Gastgeber sich ausdrückte – Wild sämtlicher Art schießen, vom Krammetsvogel bis zum Menschen!»

PROSPER MÉRIMÉE, 1840

Den Winter verbringen viele Schafhirten mit ihren Herden in der Nähe der Küsten, wo die Tiere das Unkraut auf den abgeernteten Feldern fressen können.

Die Orangen

[...] Aber meine schönste Erinnerung an Orangen stammt doch aus Barbicaglia, einem großen Garten bei Ajaccio, in den ich während der Hitze des Tages ging, um Siesta zu halten. Hier reichten die Orangenbäume, höher und weiter auseinanderstehend als in Blida, bis zur Landstraße hinunter, von welcher der Garten nur durch eine grüne Hecke und einen Graben getrennt war. Gleich dahinter lag das Meer, das unendlich, blaue Meer ... Welch wundervolle Stunden habe ich in diesem Garten verbracht! Über meinem Kopf verströmten die in Blüten und in Früchten stehenden Orangenbäume in der Hitze ihre ätherischen Düfte. Von Zeit zu Zeit fiel, plötzlich abgelöst, neben mir, wie von der Hitze schwer geworden, eine reife Orange mit einem dumpfen Geräusch ohne Widerhall auf die reiche Erde herab. Ich brauchte nur die Hand auszustrecken. Es waren prachtvolle Früchte, von einem purpurnen Rot im Inneren. Sie schienen mir ganz erlesen; und dazu nun der schöne Horizont.

Zwischen die Blätter setzte das Meer blaue, blitzende Weiten wie Stücke von zerbrochenem Glas, die im Dunst der Luft spiegelten. Dazu die Bewegung der See, die weithin die Atmosphäre belebte, dieses gleichmäßige Rauschen, von dem man gewiegt wird wie in einer unsichtbaren Barke, die Hitze, der Duft der Orangen ... Wie wunderbar ließ es sich schlafen im Garten von Barbicaglia!

ALPHONSE DAUDET, 1869

Feuer

Aber nicht nur die Schönheiten der Macchia, auch ihre Schrecken sind unvergeßlich. Ein winziger Funke kann genügen, um die beglückende Pracht in eine trostlose Ödnis und den himmlischen Duft in höllischen Gluthauch zu verwandeln.

An einem Julitag, an dem die Luft vor Hitze flirrt und alles vor Trockenheit knistert, stehen über den Höhen auf einmal grauweiße Rauchfahnen. Noch sind sie steif, schmal und fern vor einem sanften Himmel. Doch künden sie Gefahr: die Macchia brennt! Ob

DATEN ZUR GESCHICHTE KORSIKAS

Um 6500 v. Chr. Spuren menschlicher Besiedelung, Keramikfunde, Skelett der «Dame von Bonifacio».
3500–1000 v. Chr. Ausbreitung der Megalithkultur mit Menhirstatuen. Im 2. Jahrtausend verdrängen die Torreaner die Megalithiker im Süden der Insel und errichten dort Turmbauten aus Zyklopenmauerwerk. Die Megalithiker stellen die Feinde als Menhire mit Waffen dar.
564 v. Chr. Phokäische Griechen aus Kleinasien gründen an der Ostküste die Stadt Alalia.
259–163 v. Chr. Die Römer benutzen Korsika als strategische Basis im Krieg gegen die Punier und benötigen hundert Jahre, um die Insel zu erobern. Auf den Grundmauern von Alalia errichten sie ihre Hauptstadt Aleria.
30 n. Chr. Frühchristlicher Einfluß von Rom.
456–725 n. Chr. Die Wandalen zerstören Aleria. Auf sie folgen die Byzantiner, dann die Langobarden.
758 n. Chr. Pippin der Kurze vertreibt die Langobarden und schenkt Korsika dem Papst.
800–900 n. Chr. Ständige Überfälle von Sarazenen. Nordafrikanische Piraten errichten an den Küsten Stützpunkte. Der Römer Ugo Colonna kämpft für den Papst gegen die Sarazenen.
1077 Papst Gregor VII. gibt die Insel als Lehen an das Bistum von Pisa.
1284 Genua besiegt in der Seeschlacht von Meloria Pisa und bringt Korsika in seinen Besitz.
1453 Genua verpachtet Korsika an die Bank des Heiligen Georg.
1553 Sampiero Corso vertreibt mit Hilfe von französischen Truppen die Genuesen von der Insel. Sechs Jahre später muß Frankreich Korsika an die Genuesen zurückgeben. Es flammen Rebellionen auf. Sampiero Corso erobert Teile der Insel zurück.
1567 Ermordung Sampiero Corsos. Die Genuesen übernehmen für die nächsten 150 Jahre die Herrschaft.
1729 Aufstand der Korsen gegen Genua. Nach dem Frieden von Corte (1732) wird Genua vertragsbrüchig; der Widerstand flammt erneut auf.
1735 Eine Volksversammlung erklärt die Unabhängigkeit Korsikas. Genua antwortet mit einer Seeblockade.
1736 Theodor von Neuhoff (1694–1756), ein westfälischer Abenteurer, wird für kurze Zeit erster und einziger König von Korsika.
1755 Die Korsen wählen Pasquale Paoli zum «General der Nation» und verleihen ihm die Ehrenabzeichen «Vater des Vaterlands».
Unter seiner Führung formiert sich der korsische Widerstand. Paoli gibt der Insel viele Jahre vor der Französischen Revolution eine moderne, demokratische Verfassung mit Gewaltenteilung und Frauenwahlrecht.
1768 Genua verkauft die Insel Korsika an Frankreich.
1769 Frankreich interveniert mit militärischer Übermacht, um seine Neuerwerbung in Besitz zu nehmen. Die Korsen werden bei Ponte Nuovo vernichtend geschlagen. Paoli flieht nach England. Korsika wird französisch.
1769 In Ajaccio wird Napoleon Bonaparte geboren.
1790–1796 Korsika wird englisches Vizekönigreich. Paoli kehrt aus England zurück, muß aber bei der Rückkehr der Franzosen erneut fliehen. 1807 stirbt Paoli in London.
1914–1918 Über 30 000 Korsen sterben in den Kämpfen des Ersten Weltkrieges für Frankreich.
1942 Die italienischen Truppen von Mussolini besetzen Korsika.
1943 Deutsche Truppen landen auf ihrem Rückzug von Sardinien nach Norditalien auf der Insel. Korsische Widerstandskämpfer befreien mit Unterstützung von Einheiten des «Freien Frankreich» und italienischen Überläufern die Insel als erstes Département Frankreichs.
1955–1962 An der Ostküste werden 17 500 repatriierte Franzosen aus Algerien, sogenannte pieds noirs, ausgestattet mit großzügigen Krediten und Privilegien, angesiedelt.
1975 Bei der Besetzung eines Weingutes in Aleria kommt es zur Konfrontation zwischen korsischen Nationalisten und der französischen Staatsmacht. Es ist der Beginn einer Reihe von Gewalttaten und gleichzeitig der Besinnung auf korsische Identität und Kultur.
1982 Korsika erhält einen regionalen Sonderstatus.
1991 Die Insel erhält einen zweiten Sonderstatus. Er räumt den Korsen mehr Autonomie ein. Nach dem Urteil des französischen Verfassungsgerichtes gibt es kein korsisches Volk.

Monika Siegfried-Hagenow

Theodor von Neuhoff (1694–1756).

Standbild Sampiero Corsos in Bastelica.

Pasquale Paoli (1725–1807).

Das Bergdorf Asco ist eine Zwischenstation auf dem Weg zum Monte Cinto.

das Feuer kommt? [...] Das hängt vom Wind ab, ob er ruht oder weht, steigt oder fällt. Er ist der Verbündete des Feuers. Schon ballen sich die dünnen, hellen Fahnen zu dicken, dunklen, wehenden Schwaden zusammen, wachsen im Nu wie gelbstielige, giftgeschwollene Riesenpilze aus der Bergwildnis. Solange der Wind schwelt, bewegen sie sich kaum. Noch ist der Brandherd begrenzt. Doch sobald der Wind sich erhebt und wie ein Blasebalg die schwelende Glut zu loderndem Feuer entfacht, [...] breitet sich der Brand aus. In rasender Wut fressen sich die gierig prasselnden Flammen durch das sommerdürre Gelände. Sie machen vor nichts halt, umzingeln Fels und Geröll, überqueren die Straßen in breiter Front und scheinen selbst über Bäche und Flüsse zu hüpfen.

Korkeichen-, Kastanien- und Olivenhaine, Wein-, Obst- und Gemüsegärten, Felder und Weideland, Pappel- und Eukalyptusalleen, vor allem aber der Wald, der herrliche korsische Hochwald mit seinen mehr als hundertjährigen Eichen, Buchen, Birken, Lärchen, Fichten, Tannen und Laricio-Kiefern – alles wird von den nimmersatten Zungen beleckt und verzehrt.

LOTTE KOMMA, 1981

In den alten Bauernhäusern (links) gab es keinerlei Komfort. Die ganze Familie lebte in einem Raum zusammen, in dem es oft nur eine Feuerstelle gab (Foto um 1880).

Sie gehören noch heute zum Erscheinungsbild des korsischen Binnenlandes: Die Schäfer (rechts), die mit ihren Herden durch die Berge ziehen. Früher waren sie neben den Bauern die am weitesten verbreitete Berufsgruppe.

Über die Korsen

Die Korsen sind nur eine Handvoll Menschen, aber [...] tapfer und entschlossen. [...] Man wird mit ihnen höchstens durch Güte, nie durch harte Entschlossenheit fertig werden. Will man dort seine Herrschaft behaupten, so ist es unumgänglich nötig, die Bewohnerschaft zu entwaffnen, um ihre Wildheit zu sänftigen. Hier will ich nebenbei bemerken, daß gerade die Korsen ein Beispiel dafür sind, welchen Mut, welche Mannhaftigkeit die Freiheitsliebe dem Menschen verleiht; deshalb ist es ebenso ungerecht wie gefährlich, sie zu unterdrücken.

FRIEDRICH II. VON PREUSSEN, 1739

Ein korsischer «Clan» um die Jahrhundertwende (links). Das festgefügte Clanwesen auf der Insel war die Grundlage für die Blutrache.

Eine junge Korsin um 1880 (rechts) in der Tracht ihrer Region mit einer Traglast.

Ihre Hauptwaffe [im Widerstandskampf gegen die französische Annektierung von 1768, Anm. d. Ü.] war der Mut, ein Mut von beispielloser Größe. Während eines Gefechts an einem Fluß namens Golo bildeten sie aus den Körpern ihrer Gefallenen einen Schutzwall; so fanden sie, bevor sie sich endgültig zurückziehen mußten, noch einmal Zeit zu einer Attacke nach hinten. Um den Schutzwall zu verstärken, mischten sich sogar die Verletzten unter die Toten. Tapferkeit findet man überall, doch zu solchen Taten sind nur freie Völker fähig.

VOLTAIRE, 1751

Die Tapferkeit der Korsen

Zwei edle und große Leidenschaften beherrschen den Korsen, die Liebe zur Familie und die Liebe zum Vaterland. Bei einem ganz armen Volk, das auf einer abgeschiedenen Insel lebt, die obendrein noch eine heroische Gebirgsnatur besitzt, müssen diese Leidenschaften sehr mächtig sein und ihm die Welt ersetzen. Die Liebe zum Vaterland hat jene Heldengeschichte Korsikas erzeugt, die wir kennen und die eigentlich nichts ist als eine uralte, fort und fort geerbte Blutrache der Korsen gegen Genua; die Liebe zur Familie hat die nicht minder blutige und nicht minder heroische Geschichte der Vendetta erzeugt. Man muß die Urkraft dieses kleinen Volkes wahrlich unbegreiflich finden, da es sich selber auf das blutigste zerfleischend, dennoch zu gleicher Zeit die Stärke besaß, so unablässig und so glorreiche Kämpfe mit den Landesfeinden zu kämpfen.

FERDINAND GREGOROVIUS, 1878

Die Liebe der Korsen

Neuhof gehört zu jenen merkwürdigen Figuren des 18. Jahrhunderts, deren Wesen und Treiben das bequeme Geschichtsurteil erschüttert, daß in diesem Säkulum die «Vernunft» erfunden und zur Herrschaft gebracht worden sei; das Romantische war als

Der König von Korsika

Immer bereit, die Ehre zu verteidigen: Ein Korse (links) um die Jahrhundertwende mit Gewehr und der typischen Mütze.

Schon zu Lebzeiten eine Legende: Die berühmte Banditin Mora (rechts) in Männerkleidung. Diese Abenteurerin lebte in der Nähe von Corte, und von ihr sind viele Berichte überliefert.

Lebensform vorweggenommen, bevor es sich mit einer literarischen Begrifflichkeit verband. Den Historikern hat er denn auch immer sehr viel mehr Mühe gemacht. [...]

Der Sohn des westfälischen Edelmannes war 1686 in Metz geboren. [...] Der junge Baron wurde Page, er wurde Offizier, lernte die Kriegskunst, das Spielen und das Schuldenmachen, aber das Frankreich der Regence bot seiner Phantasie und Tatenlust nicht die Chance, die er brauchte. [...]

Drüben, auf der Insel Korsika war wieder eine Erhebung gegen die genuesische Herrschaft im Gang oder doch für eine Lockerung der bedrückenden wirtschaftlichen und sozialen Rechtslage, worin die monopolistische Ausbeutung und Härte Genuas das Inselvolk hielt. [...] Flüchtlinge und Verbannte kamen nach Livorno, nach Florenz. Neuhof hatte mit ihren Klagen und Sorgen amtlich zu tun, und indem er sich ihrer annahm, die Verfolgten beriet, ihr Vertrauen sich ganz ihm zuwandte, erwuchs der phantastische Plan: er [...] wird der Befreier, der Retter, der Fürst dieses Volkes werden.

So landete Neuhof am 13. März 1736 von Tunis her in Korsika, in phantastischem Aufzug, mit Vorräten, deren lockere Hingabe den Ruhm seiner Schätze mehrte; die Parteihäupter der Insel waren im Spiel, am 15. April wurde er von der Consulta als Theodor I. zum erblichen König von Korsika gewählt. Das hat etwas Operettenhaftes (und eine Oper um sein Schicksal hat es einmal gegeben, vielleicht wird sich auch der Film seiner noch annehmen) – für Genua aber war ein ernsthafter Feind entstanden.

THEODOR HEUSS, 1947

Ajaccio In das Gold der untergehenden Sonne gebadet, lag vor uns das Mittelmeer, und langsam dampften wir aus dem Hafen von Nizza hinaus. Mit dem offenen Meer nahm auch die Geschwindigkeit des Schiffes zu, und allmählich versank die rosenrote Küste der Riviera hinter uns in die Flut.

Die korsischen Männer waren und sind leidenschaftliche Jäger. Der Reichtum der Insel an Wildschweinen, Damwild und Fasanen lud schon um die Jahrhundertwende dazu ein, auf die Pirsch zu gehen (Foto um 1900).

Die meisten Passagiere verschwanden schon vor dem Abendessen in ihre Kabinen, um zurückgezogen dem Gotte Neptun unerwünschte Opfer zu bringen. Nachher spannte der Mond eine silberne Brücke über die bewegte Flut. [...]

Um nur nichts von dem schönen Küstenpanorama zu verlieren, erhoben wir uns am folgenden Morgen um halb sechs Uhr. Seit zwei Stunden lagen wir im Hafen der Île Rousse. [...] Um sechs Uhr lichten wir wieder die Anker, und bald haben wir die brandungsumtobten Klippen umschifft und fahren in einem Abstand von zwei bis drei Seemeilen längs der Küste zunächst in westlicher, später in mehr südlicher Richtung. [...]

Doch schon liegt Calvi hinter uns, und es folgt jetzt die herrliche Fahrt an den einzelnen, tief ins Land geschnittenen Golfen vorbei. Die pittoresken Formen der verschneiten Berge, darunter das azurblaue Meer mit seinen schäumenden Wellen erinnern mich lebhaft an die Fahrt längs der spanischen Küste am Fuße der Sierra Nevada, nur daß die korsischen Felsformationen viel wilder sind. Gegen Mittag liegen wir auf der Reede von Ajaccio, dem eigentlichen Ausgangspunkt unserer Reise. [...]

Durch Palmenalleen steigen wir durch die breiten Straßen zu unserem Hotel, das in einem prächtigen Park gelegen ist.

Fast alle Plätze und Straßen der Stadt tragen die Namen aus der Familie des riesigen Mannes, den einst Ajaccio gebar. Zwischen den Häusern fällt der Blick auf den sonnendurchglühten Golf. Auf dem Diamantenplatz steht ein Denkmal Napoleons als römischer Konsul, das auf den Golf niederschaut. Nicht weit von dem Denkmal entfernt liegt das Haus der Familie Bonaparte, ein einfacher, dreistöckiger Bau, von dem keiner annehmen sollte, daß von dort aus der Unterjocher Europas zuerst das Licht der Welt erblickte. Von hier aus promenieren wir an der felsigen Küste entlang und nehmen in der schäumenden Brandung ein kühles Bad.

WALTHER FLENDER, 1902

Calvi (links) wurde von den Genuesen 1268 dort erbaut, wo schon die Römer eine Siedlung gegründet hatten. Die Altstadt erhebt sich hoch über dem Meer.

Cargèse, die «Griechenstadt» im Norden des Golfs von Sagone, entstand, als sich 1676 auf Veranlassung Genuas griechische Kolonisten hier niederließen (rechts). Der malerische Ort ist ein beliebtes Urlaubsziel.

Die Casa Bonaparte

Auf der Gasse Saint-Charles tritt man auf einen ganz kleinen viereckigen Platz. Ein Ulmenbaum steht vor dem gelbgrau übertünchten alternden Hause mit plattem Dache und einem Balkonaufsatz darüber, mit sechs Fenstern Front in drei Stücken und mit verbraucht aussehenden Türen. [...]

Bonapartes Haus, seither wenig verändert, wie man mir versicherte, ist, wenn auch kein Palais, so doch immer die Wohnung einer angesehenen und edlen Familie gewesen. Dies zeigt sein Aussehn, und geradezu ist es ein Palast zu nennen im Vergleich mit der Dorfkapanne, in der Pasquale Paoli geboren wurde. Es ist geräumig, wohnlich und sauber. Aber alle Möbel sind aus den Zimmern verschwunden, nur die Tapeten hat man auf den Wänden gelassen, und auch sie sind veraltet. Der Fußboden, der nach korsischem Gebrauch mit kleinen sechskantigen roten Fliesen ausgelegt ist, zeigt sich schon hie und da schadhaft. Ganz unheimlich machte die Zimmer ihre Leere und ihre Dunkelheit bei verschlossenen Läden.

Einst glänzte dieses Wohnhaus zur Zeit der schönen Letitia von einem großen Familienleben und von froher Gastlichkeit, heute gleicht es einem Totengewölbe, und vergebens sucht man nach einem Gegenstand umher, an dem die Phantasie einen Anhalt für die Geschichte der rätselhaften Bewohner fände.

Die nackten Wände wissen nichts zu sagen.

FERDINAND GREGOROVIUS, 1878

Korsische Banditen

Der korsische Bandit ist nicht wie der italienische ein Dieb und Räuber, sondern das, was sein Name sagt, ein vom Gesetze Verbannter. Im alten Statut der Insel heißen ursprünglich alle diejenigen Banditi, die von der Insel verbannt sind, weil sie die Gerechtigkeit in ihre Gewalt nicht hat bekommen können; sie wurden für vogelfrei erklärt, und es war einem jeden erlaubt, einen Banditen, wenn er sich blicken ließ, zu erschla-

Straße in Ajaccio. Im Hintergrund ist die Kathedrale Notre-Dame-de-la-Miséricordie zu erkennen.

gen. Der Begriff des Verbannten ist also ganz einfach auf alle Menschen übergegangen, die im Banne des Gesetzes leben. [...]

Der Hauptschlupfwinkel der Banditen ist zwischen Tor und dem Berge Santo Appiano, in den Wildnissen des Monte Cinto und des Monte Rotondo, in den unwegsamen Gegenden des Niolo. Dort bedecken tiefschattige Urwälder, die nimmer eine Axt gesehen, und dichteste Buschwälder von Eichengestrüpp, von Albatro, Myrten und Heide die Abhänge der Berge; dunkle vom Wildwasser durchbrauste Schluchten, in denen sich jeder Pfad verliert, Höhlen und Grotten und zertrümmertes Gestein geben Verborgenheit. Dort lebt der Bandit mit dem Falken, mit dem Fuchs, mit dem Wildschaf ein Leben, das romantischer und trostloser ist als das des amerikanischen Wilden.

FERDINAND GREGOROVIUS, 1878

Vendetta

Die Witwe des Paolo Saverini lebte ganz für sich mit ihrem Sohn in ihrem ärmlichen, kleinen Häuschen hoch über den Wällen von Bonifacio. [...]

Das Häuschen der Witwe Saverini klebte am Rande der Steilküste und lugte mit seinen drei Fensterchen hinaus auf den wilden und trostlosen Horizont. Sie lebte darin ganz allein mit ihrem Sohn Antonio und ihrer Schäferhündin Sémillante, einem riesigen, starkknochigen Tier mit langem, struppigem Fell. Der junge Mensch pflegte sich von Sémillante begleiten zu lassen, wenn er auf die Pirsch ging.

Eines Abends, nach einem heftigen Streit, wurde Antonio Saverini meuchlings von Niccolo Ravolati niedergestochen; der Mörder entkam. [...]

Als der alten Frau der Leichnam ihres Sohnes gebracht wurde von Leuten, die ihn unterwegs aufgefunden hatten, da zeigte sich keine Träne in ihren Augen; ganz reglos blieb sie sitzen und blickte nur immer auf ihren Toten. Dann streckte sie ihre von tiefen Runzeln durchfurchte Hand aus nach dem Entseelten und schwur ihm Vendetta. [...]

Der junge Mensch lag auf dem Rücken, seine derbe Tuchjacke war auf der Brust durchlöchert und zerschlitzt; er sah aus, als schliefe er. Doch überall hatte er Blut an sich: auf dem Hemd, das vom ersten Verbandanlegen noch aufgerissen war, auf Weste, Hose, Gesicht und Händen. Geronnenes Blut klebte ihm im Bart, in den Haaren.

Die alte Mutter hob an, mit ihm zu sprechen – und beim ersten Ton ihrer Stimme wurde die Hündin wieder still.

«Schlaf in Frieden, mein Junge, mein Liebling, mein armes Kind. Schlaf ruhig, du wirst gerächt, hörst du? Deine Mutter schwört es dir! Und deine Mutter, die hält immer Wort, das weißt du.»

[...] Am anderen Tage wurde Antonio zu Grabe getragen; und bald sprach niemand in Bonifacio mehr von ihm.

Er hatte weder Bruder noch Vetter, noch sonstige männliche Blutsverwandte hinterlassen. Kein Mann war da, der die Vendetta hätte auf sich nehmen können. Nur die Mutter, das alte einsame Weib, dachte Tag und Nacht daran.

Drüben, auf der anderen Seite der Meerenge, sah sie von morgens bis abends einen hellen Flecken an der Küste, ein kleines sardinisches Nest, Langosardo war das, wohin die korsischen Banditen hinzuflüchten pflegten, wenn ihnen der heimatliche Boden zu heiß unter den Füßen wurde.

Sie bevölkerten fast allein diesen kleinen Uferflecken, der den Küsten ihrer Heimatinsel gegenüberliegt; und dort drüben wartete sie den Augenblick ab, an dem sie wieder in ihr Macchia-Dickicht zurückkehren konnten. Und in dieses Dorf, das wußte sie, hatte sich auch Niccolo Ravolati in Sicherheit gebracht.

Tag für Tag saß sie einsam an ihrem Fenster, starrte hinüber und sann auf Blutrache. Wie sollte sie ihre Vendetta ausführen, so ganz allein, sie, das schwache, alte Weib, die selber dem Tode nahe war? Doch sie hatte es gelobt, sie hatte ihrem ermordeten Sohn die Rache geschworen.

[...] Eines Nachts nun, als Sémillante wieder so jammervoll aufjaulte, schoß der Alten jäh ein Gedanke durch das Hirn: ein wilder, rachgieriger, blutdürstiger Gedanke. Sie sann immer wieder darüber nach, bis zum Morgen. Beim ersten Dämmergrauen erhob sie sich und ging in die Kirche. Sie preßte ihre Stirn auf die Steinfließen nieder und rief im Staube liegend zu ihrem Gott; sie flehte ihn inbrünstig an, ihr beizustehen, ihren altersschwachen Händen die Kraft zu geben, die sie brauchten, um den Sohn zu rächen.

Dann ging sie wieder heim. Auf ihrem Hof hatte sie ein altes offenes Faß stehen, das bis jetzt das Regenwasser aus der Dachtraufe aufgefangen hatte. Das stürzte sie um, ließ es leerrinnen, klemmte es am Boden zwischen Pflöcken fest und beschwerte es mit Steinen; dann kettete sie Sémillante an diese Hütte und ging wieder in ihr Häuschen.

Den ganzen Tag und die ganze Nacht hindurch heulte die Hündin. Am Morgen brachte ihr die alte Herrin einen Napf voll Wasser, nichts sonst – weder Suppe noch Brot. [...]

Am übernächsten Morgen dann machte sich die Mutter Saverini zum Nachbarn auf und bat ihn, er möge ihr doch zwei Schütten Stroh geben. Daheim suchte sie unter ihrem Hausrat etliche alte Lumpen hervor, die einstmals ihr verstorbener Mann abgetragen hatte, und stopfte sie mit dem Stroh aus, bis so etwas wie eine menschliche Gestalt daraus entstand. [...]

Dann ging die Alte zum Metzger, holte sich ein langes Stück rauchschwarzer Blutwurst, fachte in ihrem Höfchen ein mächtiges Reisigfeuer an, dicht neben der Hundehütte, und ließ ihre Blutwurst daran brutzeln. [...]

Dann machte die Alte aus dieser appetitlich dampfenden Blutwurst dem Strohmann eine Art Krawatte; sie schnürte sie ihm sorgsam um den Hals, so daß es aussah, als schlänge er die Wurst in sich hinein. Als sie fertig war, kettete sie Sémillante los.

Mit einem furchtbaren Sprung war das große Tier dem Strohmann an der Kehle, warf sich ihm wuchtig mit den Pranken auf die Schultern und machte sich daran, ihn in Stücke zu zerreißen. [...]

Während ihrer Herrschaft über Korsika legten die Genuesen ein hervorragendes Straßen- und Wegenetz an. Aus dieser Zeit stammt auch die Steinbrücke, die bei Calacucca über den Fluß Calasima führt.

Nächste Doppelseite: Soveria liegt im Zentrum der Insel bei Corte. Im Hintergrund erhebt sich das Massiv der Aiguilles de Popolasca.

Eine solche Landschaft würde man wohl kaum in mediterranen Gefilden vermuten. Diese vorsteinzeitlichen Steinformationen gibt es im Niolo bei Calacuccia.

Plätze zum Sonnenbaden gibt es nicht nur am Meeresstrand, sondern man findet sie auch, wie hier, auf den Steinen einer alten genuesischen Brücke in der Speluncaschlucht.

In der Nähe von Solenzara bestimmt das mächtige Massiv des Col de Bavella mit einer Höhe von 1218 Metern die Landschaft. Dieser beeindruckendste Paß Korsikas ist ein Eldorado für Berg- und Wanderfreunde.

Die tief verwurzelte Frömmigkeit fand und findet bei den Korsen ganz eigene Ausprägungen. Dieser Marienstatue begegnet der Wanderer auf der Paßhöhe des Col de Bavella.

Ein Blick auf die berühmten Felsentürme der Aiguilles de Bavella. Auf der an die Dolomiten erinnernden Berggruppe liegen sogar am Tag die Nebel.

In den Bergen des Col de Bavella begegnet der Wanderer auf den Hängen hin und wieder grasenden Schafherden.

Die Käseherstellung hat auf Korsika eine lange Tradition. Der berühmteste ist der brocciu, der Schafs- oder Ziegenkäse, von dem Ferdinand Gregorovius gesagt hat, er habe ihn «als den größten Leckerbissen der Insel und als die Blume der Hirtenindustrie preisen hören».

Zu einem Spielchen setzt man sich auf Korsika immer gern zusammen (links), und wenn kein Platz für Boule ist, kann es auch eine Kartenrunde sein. Zur Stärkung gibt es dann zum Käse selbstgebackene Brote (rechts).

Typisch für Korsika sind die in Wäldern und auf Straßen herumlaufenden halbwilden Schweine.

Nächste Doppelseite: Blick von der Festung auf die Stadt Corte, die ehemals Zentrum des korsischen Widerstandes war.

Die gut erhaltene Altstadt von Corte vermittelt auch heute noch eindrucksvoll den Charakter der früheren Trutzburg.

Hoch oben, auf den blanken Felsen erbaut, thront die Zitadelle von Corte, die Alfons von Aragón im Jahre 1420 erbauen ließ.

Nächste Doppelseite: Die Winter in Korsika können auch Schnee bringen, wie hier auf den Gipfeln des Col de Bavella.

Das Tal, das die Restonica durchfließt, haben Eiszeitgletscher geformt. Der Fluß entspringt im Gebiet des Monte Rotondo, und sein Weg führt durch eine wildromantische Landschaft.

Drei Monate lang gewöhnte sie ihre Hündin so an diese Art Nahrungskampf, an dieses Fressen, das nur mit gewaltigem Einhauen und Zubeißen mit den Reißern zu erschnappen war. [...]

Als die alte Saverini die Zeit für reif erachtete, machte sie sich auf und ging beichten; eines Sonntagsmorgens nahm sie mit ekstatischer Inbrunst die heilige Hostie. Dann zog sie sich Männersachen über, daß sie aussah wie ein alter zerlumpter Lazzarone, wurde unten am Hafen handelseinig mit einem sardinischen Fischer und ließ sich samt ihrer Hündin Sémillante über die Meerenge hinüberrudern zum anderen Ufer.

In ihrem Leinensack hatte sie ein großes Stück Blutwurst mit. Sémillante hatte wieder zwei Tage lang nicht den kleinsten Happen zu fressen bekommen. Und alle Augenblicke hielt die Alte ihr den duftenden Leckerbissen vor die Nase und reizte das Tier damit immer heftiger auf.

So langten sie in Langosardo an. Die alte Korsin humpelte zu einem Bäcker hinein und erkundigte sich, wo ein gewisser Niccolo Ravolati wohnte. Er arbeitete – gab man ihr Bescheid – wieder in seinem alten Handwerk, als Schreiner. [...]

Die Alte stieß die Tür auf und rief ihn an: «He, Niccolo!» Er drehte sich um; im gleichen Augenblick ließ sie ihre Hündin los und schrie: «Faß! Faß! Zerfleisch ihn! Zerfleisch ihn!» Wie rasend stürzte sich das hungertolle Tier auf den Mann und packte ihn bei der Kehle. Er stieß die Arme vor und würgte das Tier und wälzte sich auch schon mit ihm am Boden. Einige Augenblicke lang wand er sich, zuckte und strampelte mit den Beinen. Dann blieb er reglos liegen, während Sémillante sich tief in seine Gurgel einbiß und ihm Stück um Stück den Hals zerfleischte. [...]

Am Abend, als es dämmerte, war die Alte wieder daheim. Und in der Nacht darauf schlief sie zum ersten Male wieder gut.

GUY DE MAUPASSANT, 1880

Tracht

Die Frauen in Korsika tragen das Mandile, ein Tuch von beliebiger Farbe, das die Stirn bedeckt und glatt aufliegend um den Zopf gewunden wird, so daß die Haare nicht zu sehen sind. In ganz Korsika ist das Mandile gebräuchlich; es sieht ganz orientalisch-maurisch aus und ist uralt, denn schon Frauengestalten auf etrurischen Vasen sind mit dem Mandile abgebildet. Junge Mädchen kleidet es vorzüglich, ältliche Frauen weniger; es gibt ihnen das Aussehen von Judenweibern. Die Kopfbedeckung des Mannes ist das spitze, braune oder rote Baretto, die uralte phrygische Mütze, die schon Paris, der Sohn des Priamus, getragen hat. Auf Marmorfiguren, welche den trojanischen Prinzen darstellen, trägt er dieses Baretto, ebenso trägt es der persische Mithras, wie ich es in den vielen symbolischen Darstellungen des Mithrasopfers gesehen habe. Bei den Römern war die phrygische Mütze überhaupt das Symbol der Barbaren; es trugen sie auch die bekannten dazischen Kriegsgefangenen aus dem Triumphbogen des Trajan, die jetzt auf dem Bogen des Konstantin stehen, und andere Barbarenkönige und Sklaven der Sarmaten und asiatischen Völker, die in Triumphzügen abgebildet sind. Dieselbe phrygische Mütze trugen die Dogen der Venetianer als Zeichen ihrer Würde.

FERDINAND GREGOROVIUS, 1878

Frauenehre

Am 23. August 1698 wird eine Frau auf dem Weg zum Brunnen überfallen und vergewaltigt. Sie kehrt heim und verliert über den Vorfall kein einziges Wort – «per non precibitare il marito e suoi parenti»: um zu verhindern, daß ihr Mann und ihre Angehörigen losstürzen (gemeint ist: den Schuldigen verfolgen und damit einen Privatkrieg auslösen). Am übernächsten Tag trifft sie an der Treppe ihres Hauses auf Giovan Simone, «chierico bandito quindeci anni di galera» (ehemaliger Priester, der später als Bandit zu fünfzehn Jahren Galeere verurteilt worden ist). Sie geht ins Haus und legt sich nieder, aber Simone ruft nach ihr und sagt, er stehe vor der Tür; dann dringt er mit Gewalt ins

Marktszenen in Bastia. Die Ware wird noch mit einer alten Handwaage gewogen (links). Auf den Märkten des Südens macht das Einkaufen Spaß, da man sich die Waren selbst aussuchen darf: Hier ist Anfassen und Begutachten erlaubt!

Haus ein. Sie steht auf und schreit, Simone ergreift die Flucht. Bei der Rückkehr ihres Mannes und ihrer Angehörigen berichtet sie ihnen, was nachts zuvor geschehen ist. Als Giovan Simone erfährt, daß der Ehemann über den Vorfall informiert worden ist, überfällt er die Frau in ihrem Haus und versetzt ihr heftige Schläge mit dem Gewehrkolben. In dem Augenblick, wo Simone einen Dolch zieht, um die Unglückliche zu erstechen, eilen die Nachbarn hinzu. Mehrere Zeugen, darunter der Priester des Dorfes, erklären sich bereit auszusagen, doch bitten sie den Gouverneur inständig, er möge mit der Eröffnung des Prozesses warten, denn sie bangen um ihr Leben. Alle verdächtigen den (ehemaligen) Priester, die Vergewaltigung begangen zu haben.

Die Frau hat nicht gezögert, ihren Mann und ihre Angehörigen über den Hausfriedensbruch und die dabei erlittenen Schläge zu informieren. Die Mißhandlung ist so gravierend, daß ihre Familie fraglos auf Rache sinnen wird: Der Täter ist bekannt, und zudem ist das Haus ein geheiligter Ort; andererseits verschweigt sie jedoch die Vergewaltigung, der sie zuvor zum Opfer gefallen war. Diese Zurückhaltung läßt sich nur mit ihrer Angst erklären, ihr Mann könnte seine erste Wut an ihr auslassen, bevor er sich am Täter rächt. Wird ein Mann von Ehre es akzeptieren, noch länger Gatte einer Frau zu bleiben, die nicht mehr ausschließlich die seine ist? Die Befleckung ist nicht ihre Privatangelegenheit: Sie betrifft die ganze Familie, die, um sich reinzuwaschen, die Befleckte möglicherweise aus dem Weg räumen wird ...

MADELEINE-ROSE MURACCIOLE, 1964

Die Gabe der Poesie

Die Corsen, wiewohl dem Gefühl für die Schönen Künste unzugänglich, besitzen in höchstem Maße die Gabe der Poesie. Ich glaube nicht, daß man in ganz Europa ein anderes Volk finden wird, bei welchem sich das Denken so spontan in rhythmischen Formen äußert. Fast jedermann ist imstande, solche Lieder zu dichten; gar mancher Bandit

In vielen kleinen Dörfern gibt es keine Läden. Daher fahren die Händler mit ihren Lieferwagen in der Umgebung umher, um die Bevölkerung zu versorgen. Diese mobilen Läden sind in den Orten ein sehr beliebter Treffpunkt.

vertreibt sich die langen Zeiten, die er im Maquis zubringen muß, damit, daß er sein Mißgeschick in epische Verse kleidet. [...]

Als ich einmal im Landesinnern bei einer bedeutenden Familie logierte, gelang es mir eines Abends, mich der Gesellschaft meiner Gastgeber für einen Moment zu entziehen, und ich ging zum Fuccone. Das ist die traditionelle corsische Feuerstätte: eine viereckige Erhöhung aus festgestampfter Erde in der Mitte des Raumes, worauf enorme Holzscheite brennen. Der Rauch entweicht durch eine vergitterte Abdeckung, auf welcher die Kastanien trocknen. Alle Wände sind vom Ruß mit einem tiefschwarzen, sammmetartigen Farbton überzogen, und hie und da meint man, dunkle Edelsteine aufschimmern zu sehen. Dort traf ich, um das Feuer versammelt, die Klientel des Hauses an, bärtige Bauern in Sammetjacken; ungezwungen antworteten sie auf die Fragen des Fremdlings, und wenn sie lachten, blitzten mir weiße Zähne aus ihren Gesichtern entgegen. Wir plauderten über Poesie, und ich war erstaunt, mit welcher Selbstverständlichkeit diese Leute, die weder lesen noch schreiben konnten, über Terzinen, Vierzeiler, Sechszeiler, Sonetten und Strophen sprachen und daß ihnen die Verstechnik vertrauter war als wohl so manchem Bakkalaureus auf dem Festlande.

PAUL BOURDE, 1897

Die korsische Identität

Korse sein – was heißt das? Jeder Inselbewohner sieht sich irgendwann mit dieser Frage konfrontiert, und zwar in doppelter Hinsicht: auf der Ebene seines individuellen Lebens und in Hinblick auf die Geschichte seines Volkes.

Seine individuelle Identität findet er in einer Reihe objektiver Indikatoren: Name, Vorname, eventuell Beiname, die sowohl Situationsmerkmale als auch Klassifizierungskriterien sind. So verweist der persönliche Indikator – Vorname und Beiname – auf Gruppe, Abstammung, Dorfgemeinschaft (Pierre-Jean findet sich häufig als Vorname

Fortsetzung Seite 95

Historische Szenen aus dem Landleben: Getreideernte bei Bocognano. Wegen des hohen Pachtzinses, der an die Grundherren gezahlt werden mußte, blieb den meisten korsischen Bauernfamilien zum Leben nicht mehr viel übrig.

Korsische Bäuerin (links) handarbeitend auf einem Esel reitend. Der Verkauf kunstvoller Handarbeiten half, das geringe Einkommen etwas aufzubessern. Die Käufer waren meistens vom Festland.

Auch schwere Lasten wurden – und werden heute noch – von den Frauen auf dem Kopf transportiert (rechts).

Öl, das flüssige Gold von der felsigen Insel: Diese junge Bäuerin trägt einen Ölkrug. Auch heute noch ist Olivenöl die schmackhafte Basis für viele korsische Gerichte.

POESIE UND POLITIK – KORSISCHE MUSIK

Was, Sie kennen die Paghjella nicht? Also haben sie bisher überhaupt nichts gehört! Es ist eine alte Art zu singen. Alt, uralt ... es ist der Urgesang. Wer weiß, woher er kommt ... Er beschreibt Gebirge und Wildbäche, ziseliert die höchsten Zinnen unserer Erde. Er zeichnet den Flug der Bienen nach und die Wege der Hirten. Manche versichern sogar, die Menhire von Filitosa seien das versteinerte Echo einer noch ferneren Vergangenheit, als die Paghjella die Stimme der Menschheit war.» So beschreibt der zeitgenössische korsische Schriftsteller Jacques Thiers in dem Roman «A Funtana Altea» die traditionelle polyphone Musik Korsikas.

Drei Männerstimmen improvisieren und ranken sich im Gesang umeinander. Der Ursprung der Paghjella wird in der Zeit vor Entstehung der gregorianischen Gesänge vermutet, Einflüsse des altitalienischen Madrigals sind unverkennbar. Manche Musikwissenschaftler wollen Einflüsse der Berber heraushören. In dieser als «urkorsisch» empfundenen Musik spiegelt sich die wechselvolle Geschichte der Insel.

Alt ist die Paghjella und mit der Geschichte Korsikas eng verbunden. Sie war lange fast ganz verstummt, als die korsische Kultur massiv unterdrückt, die korsische Sprache in den Schulen verboten war und nicht einmal in den Kirchen die Messe in der Muttersprache gesungen werden durfte. Manche hielten die Paghjella für arabischen Gesang und erkannten nicht mehr die musikalischen Wurzeln ihrer Heimat. Sogar die Hirten pfiffen französische Chansons.

Daß sich das geändert hat, ist jungen

Dieses Plakat wirbt für die Musikgruppe ISULA.

Sängern und Musikern zu verdanken, die in den siebziger Jahren im Zuge der korsischen Selbstbesinnung die Wurzeln der Tradition suchten und den polyphonen Gesängen der Alten zuhörten. Den Anfang machte die Gruppe «Canta u populu corsu». Inzwischen gibt es eine Vielzahl von Gruppen und Sängern. Manche sind, wie «Voce di Corsica», der Tradition verpflichtet, andere, wie «I Muvrini», sehen nicht nur in der Paghjella, sondern auch in der Popmusik den angemessenen Ausdruck für das neuerwachte korsische Selbstbewußtsein unter den jungen Leuten.

Und noch etwas hat sich geändert: Die Paghjella, seit Menschengedenken nur von Männern gesungen, bekommt durch die Frauen der Gruppe «Donnisulana» einen weiblichen Klang. Traditionell waren den korsischen Frauen Wiegenlieder, Totenklagen und Blutrachegesänge vorbehalten.

Heute verstehen sich die Sängerinnen und Sänger als Botschafter des lebendigen korsischen Volkes, seiner Kultur und seiner Lebenskraft, obwohl – oder gerade weil – seine Existenz noch immer nicht mit der französischen Verfassung in Einklang zu bringen ist. Und auch wenn in diesen Liedern vom Frühling, vom Hirtenleben, von der Liebe oder vom Abschied gesungen wird, so ist doch auf Korsika eigentlich jedes Lied politisch.

Nicht nur auf den Dorfplätzen erklingen diese Lieder, sondern auch im Stadttheater Bastias, in den Kirchen Ajaccios, auf internationalen Festivals und – immer häufiger – in Cafés oder auf den Hirtenmärkten. Da treffen sich wieder wie früher Schaf- und Ziegenhirten aus den Bergen und von der Ostküste, um einen Bock zu erwerben und herzhaften Käse zu verkaufen und um abends zum Sängerwettstreit in der alten Kunst der Improvisation anzutreten. Wie einst die Sängerpoeten der Castagniccia und des Niolo messen sie sich im spöttischen Wechselgesang «Chjame e rispondi». Und natürlich erklingt dabei auch wieder die Paghjella.

Monika Siegfried-Hagenow

Junge Leute finden sich spontan zusammen, um wieder die traditionellen Lieder zu spielen. So halten sie mit ihrer Musik die korsische Kultur lebendig.

Denkmal des Generals und korsischen Widerstandskämpfers Giampietro Gaffori, entstanden 1900, am Place Gaffori in der Altstadt von Corte.

Heute darf sich jedermann auf dem Place Porta von Sartène ausruhen. Das war nicht immer so. Im vorigen Jahrhundert war dieser Platz den Adligen vorbehalten.

Sommerliche Straßenszenen auf der Insel. Der Großvater (links) hat es übernommen, auf sein Enkelkind aufzupassen. Und die Gruppe (rechts) schaut einem Boulespiel auf dem Place Paoli in L'Ile Rousse zu.

Der Fischer (links) in einem kleinen Hafen auf dem Cap Corse hat eine Muräne gefangen, eine der Zutaten für die berühmte korsische Fischsuppe, «aziminu». Die beiden Männer (rechts) schauen ihm vom Kai aus bei der Arbeit zu.

bei den Ceccaldis, die Ceccaldis stammen aus Vescovato), ja sogar auf die ethnische Zugehörigkeit. [...] Heißt das, daß alle Korsen ein und demselben Schema unterliegen und daß es außerhalb dieses Schemas nur Namenloses, Unidentifizierbares und Lächerliches gibt? Keineswegs. Wenn man die korsischen Dorfgemeinschaften zu Beginn dieses Jahrhunderts untersucht, als sie noch ein in sich geschlossenes ökonomisches, demographisches und soziales System bildeten, wird man erstaunt feststellen, daß es dort eine große Anzahl individueller «Fälle» gab: originelle Außenseiter, die sich in irgendeiner Weise von den anderen abhoben, sei es durch ihr besonderes Talent auf einem bestimmten kulturellen Gebiet, sei es durch ihre Ansichten oder durch ihr religiöses, soziales und sexuelles Verhalten. Wie konnte sich eine solche Vielfalt behaupten, ohne daß das kulturelle System daran kaputtgegangen wäre? [...] Solange das sozio-ökonomische System der Dorfgemeinschaft mit seinen traditionellen Rahmenbedingungen von Zeit und Raum noch funktionierte, konnte jedes Individuum sich seine eigene Identität schaffen und gleichzeitig durch seine Praxis die Identität der Familie und der Gemeinschaft, der es angehörte, unmerklich verändern. [...]

Seitdem die traditionellen Bezugssysteme in Auflösung begriffen sind (Auswirkungen der korsischen Emigration einerseits und des die Insel überflutenden Tourismus andererseits), haben sich Anzeichen einer rigiden, sektiererischen und krankhaft übersteigerten Identifikation bemerkbar gemacht. [...]

Wahrung und Prolongierung der kulturellen Identität Korsikas – sowohl auf individueller als auf ethnischer Ebene – implizieren, daß das korsische Volk selber, und zwar auf seinem eigenen Boden, in zeitgemäßer Weise, das heißt unter Verzicht auf jede nostalgische Selbstgefälligkeit, wieder jene Bedingungen herstellt, die es seiner Kultur erlauben zu existieren und sich zu entwickeln.

«Corse», 1979

Freiheitslied

Doch tot, nein, Du bist nicht tot, Korsika,
großes Korsika vor den Toren des Orients,
Korsika der Helden, Korsika der Freiheit,
der wiedererwachten Hoffnung.
Die Welt sieht Dich.
Aus dem dichten Nebel
der eingeschlafenen, der eingekerkerten Geschichte,
aus den dunklen Verliesen des Siegers,
schieben sich die Läufe verrosteter Gewehre,
denn Du erwachst.

Korsisches Freiheitslied, 1980

Abschied von Korsika

Ölbaumsilber, Myrte, Lorbeer, Pinie,
Bald im Schnee der Heimat denk ich euer –
Sanfte Buchten, blaue Meereslinie,
Auf dem Abend dunkelnd Burggemäuer!

Lebet, Korsen, wohl, mir lieb geworden!
Vor den Kirchen lüpft ihr leicht die Hüte!
Gerne knallt ihr und ein bißchen Morden
Steckt seit alter Zeit euch im Geblüte –
Daß die heil'ge Jungfrau euch behüte!

Klimmend am Gestein des Insellandes,
Lebet wohl, ihr hitz'gen kleinen Pferde!
Wallend um die Krümmungen des Strandes,
Lebet, Schafe, wohl! Gedrängte Herde
Mit den weichsten Vliesen auf der Erde!

Lebet wohl, ihr grellen Hirtenflöten,
Um die Gunst der jungen Korsin werbend!
Lebet wohl, ihr warmen Abendröten,
In den weiten Himmeln selig sterbend,
Erst die Wolken, dann die Fluten färbend!

Märchen, aus dem Tageslicht verschollen,
An Ajaccios nächt'ger Hafenstiege
Töne fort im dumpfen Wogenrollen!
Ehernes Gedröhn der hundert Siege
Um des toten Welteroberers Wiege!

Schwer entsagt das Aug der offnen Ferne,
Schwer das Ohr dem Meereswellenschlage –
Unter kältre Sonnen, blaßre Sterne
Folget mir, ihr Inselwandertage,
Und umkling mich dort, wie eine Sage ...

CONRAD FERDINAND MEYER, 1875

Am Fuße der mittelalterlichen Zitadelle breitet sich der Golf von Calvi aus. Seine schönen Sandstrände laden zum Baden wie auch zu Spaziergängen ein.

Nächste Doppelseite: Der Jachthafen von Calvi und der Quai Landry von der Zitadelle aus gesehen. Im Vordergrund ist noch der Salzturm zu erkennen.

L'Ile Rousse wurde im 18. Jahrhundert von Pasquale Paoli gegründet. Die Markthalle des Ortes, die aus dem Jahre 1845 stammt, wurde zum «Monument historique» erklärt.

Hinter den Masten der zahlreichen Segelschiffe im Hafen von Calvi erhebt sich die mächtige Zitadelle. Die im 13. Jahrhundert auf riesigen Granitblöcken errichtete Festung ist niemals erobert worden.

Wie auf fast allen Dorfplätzen Korsikas wird auch auf dem Place Paoli in L'Ile Rousse Boule gespielt. Dabei sind Zuschauer und Spieler ganz bei der Sache.

Nächste Doppelseite: Die Strände in der Nähe von Galéria in der Balagne déserte sind selten belebt. Hier mündet der Fango.

Am gleichnamigen Golf liegt Girolata. Hierher gelangt man nur vom Meer aus oder über einen schmalen Maultierpfad. Wegen seiner idyllischen Lage ist Girolata ein beliebtes Ausflugsziel.

Der Westwind auf Korsika, Libecciu genannt, kann auch schon mal so stark blasen, daß er das Meer zu hohen Wellen auftürmt wie hier im Golf von Galéria.

Auf der Insel Korsika gibt es unterschiedlichste Felsformationen. Dieses Exemplar befindet sich im Naturschutzgebiet von La Scandola.

Nächste Doppelseite: Der Ort Belgodère, «schöner Aufenthalt», in der Balagne liegt auf den Bergen inmitten von Oliven- und Kastanienbäumen.

Die Balagne im Norden der Insel wird nicht zu Unrecht «Der Garten Korsikas» genannt. Dieser Landstrich ist äußerst fruchtbar. Hier gibt es weite Täler, die von den Bergen des Cintomassivs begrenzt werden, und Meeresbuchten mit feinem Sandstrand.

Zur Zeit der Olivenernte werden unter den Bäumen Netze gespannt, aus denen die Oliven, die man von den Bäumen schüttelt, aufgesammelt werden.

Der Vorratskrug steht in Feliceto in der Balagne vor einem Privathaus (links). Der Mohrenkopf mit Stirnband ist das Symbol der korsischen Freiheitsbewegung. Der Besitzer eines anderen Wohnhauses hat in die Mauer einen Mühlstein eingefügt (rechts).

Wie vor 100 Jahren werden auch noch heute in manchen Olivenmühlen die Früchte verarbeitet. Hier ist das Innere einer Olivenmühle in Feliceto zu sehen.

Nächste Doppelseite: Weit öffnet sich der malerische Golf von Porto. Er gilt als eine der reizvollsten Küstenlandschaften Korsikas.

In der dramatischen Felsenlandschaft der Calanche, über die der Schriftsteller Guy de Maupassant geschrieben hat, daß sie «ein wahrer Wald aus purpurfarbenem Granit» sei, «da waren Spitzen, Säulen, Türmchen, von der Zeit, dem nagenden Wind, den Nebeln des Meeres geformt.»

Reiseführer durch Korsika
Monika Siegfried-Hagenow

Was man über Korsika wissen sollte

Geographie und Klima: Korsika ist mit 8681 Quadratkilometern nach Sizilien, Sardinien und Zypern die viertgrößte Mittelmeerinsel. Von der nördlichen Spitze des Cap Corse, das wie ein ausgestreckter Zeigefinger zum europäischen Kontinent weist, bis zum Capo Pertusato im Süden mißt die Insel 183 Kilometer, zwischen Ost- und Westküste liegen 83 Kilometer. Von Frankreich, zu dem die Insel seit 1769 gehört, trennen sie 170 Kilometer, und nur 85 Kilometer sind es bis zur italienischen Küste. Die nächste Nachbarinsel ist Sardinien, durch die zwölf Kilometer breite Straße von Bonifacio von der Südspitze Korsikas getrennt.

Mit mehr als 50 Gipfeln, die über 2000 Meter hoch aufragen, ist Korsika ein «Gebirge im Meer», das im Süden aus Granit, im Norden aus Schiefer besteht. Höchster Gipfel ist mit 2707 Metern der Monte Cinto, gefolgt vom Monte Rotondo (2622 Meter), dem Monte d'Oro (2389 Meter) und dem Monte Renoso (2352 Meter). Wie ein schräges Band teilt der bis ins Frühjahr schneebedeckte Hochgebirgskamm die Insel. In tief eingeschnittenen Tälern strömen Flüsse – im Winter und zur Zeit der Schneeschmelze als Wildwasser – zum Meer.

Im Westen reichen die Ausläufer der Berge als schroffe Felsen bis ins Meer. Steilküsten und Klippen, unterbrochen von Buchten an den Flußmündungen, prägen den Charakter der Westküste. Ganz anders dagegen die Ostküste: Sie besteht aus einem rund 100 Kilometer langen, flachen Sandstrand, der einen Streifen fruchtbaren Schwemmlandes begrenzt. Die weißen Kalkfelsen geben dem Süden seine besondere Note.

Die großen Höhenunterschiede zwischen den Stränden an den Küsten und alpinen Gipfeln bestimmen das Klima Korsikas. Es ist an den Küsten mediterran mit 270 Sonnentagen im Jahr, heißen Sommern und milden, regenreichen Wintern. Mit zunehmender Höhe jedoch wird es kühler. Die mittleren Lagen um 800 Meter gelten als beliebte Sommerfrische bei den korsischen Städtern aus Bastia und Ajaccio. Über 1500 Metern herrscht Hochgebirgsklima mit starken Regen- und Schneefällen zwischen Oktober und April und jährlichen Durchschnittstemperaturen unter 0 Grad Celsius.

Sieben Winde wehen aus allen Himmelsrichtungen über die Insel: Mal der heiße Wüstenwind Schirocco, der nicht selten Sand aus der Sahara mit übers Meer bringt, mal der ungestüme Libeccio aus dem Westen, der das Meer aufwühlt und die Wellen gegen die Küstenfelsen peitscht. Trocken und kühl kommt der Tramontane aus Italien, schwüle Luft aus dem östlichen Mittelmeer bringt der Levante. Und so schnell, wie die Windrichtung wechselt, ändert sich manchmal das Wetter.

Landschaften und Vegetation: Korsika vereint auf kleinem Raum eine Vielfalt von unterschiedlichsten Landschaften. Dabei gilt das Cap Corse mit seinen über 1000 Meter hohen Felsenrücken, den fruchtbaren Tälern an der geraden Ostküste und seiner zerklüfteten Westküste als das Spiegelbild korsischer Landschaften im Kleinen. Wie überall in Korsika, liegen die alten Dörfer abseits vom Meer auf halber Höhe der Berge, wo ihre Einwohner vor Piraten und Eroberern sicherer waren. Erst mit der Entwicklung des Tourismus entstanden um die «Marina» genannten Fischerhäfen an der Küste kleine Ansiedlungen. Daß das Cap Corse einmal eine üppige Kulturlandschaft mit Weinbau und Gärten war, ist heute angesichts der von Macchia überwucherten und durch Brände verkarsteten Hänge kaum noch vorstellbar. Traditionell gilt das Cap als Heimat der Fischer und Seefahrer. Adlige Familien ließen Burgen, Türme und prachtvolle Grabstätten bauen, die noch heute das Bild der Dörfer auf dem Cap Corse prägen.

Der Wein- und Gemüseanbau gibt der Ebene an der Ostküste südlich der Hafenstadt Bastia ihr Gesicht. Hinter dem flachen Küstenstreifen erheben sich bis zu 1000 Meter hoch die grünen Berglandschaften Casinca, Castagniccia, Bozio und Fiumorbu mit ihren alten Dörfern, die sich die Höhenrücken entlangziehen. In der Castagniccia und im Bozio wächst in großen uralten Wäldern die Eßkastanie, einst der «Brotbaum» Korsikas, denn seine Früchte bewahrten die Insel vor Hungersnöten. Heute sind die Haine nur noch selten bewirtschaftet, und so bleiben die braunen Früchte den zahlreichen halbwild lebenden Schweinen überlassen.

Wälder bedecken auch die alpinen Regionen im Inneren Korsikas. Neben Buchen und Eichen wachsen dort die bis zu 60 Meter hohen Laricio-Kiefern, die früher wegen ihres kerzengeraden Wuchses als Schiffsmasten Verwendung fanden. Trotz der alljährlichen verheerenden Waldbrände gibt es noch ausgedehnte Wälder an den Berghängen. Hier ist die Heimat der «muvra», der unter Naturschutz stehenden Wildschafe, zahlreicher Vogelarten und Wildschweine. Über 1800 Metern beginnen die Almen, die von den Hirten als Sommerweide für Schafe und Ziegen genutzt werden.

Mitten im Herzen Korsikas liegt, westlich der alten Hauptstadt Corte und zu Füßen des Monte Cinto, das Hirtenland Niolo, eine ausgedehnte Hochfläche. In der Talsperre von Calacuccia wird das Wasser für die Landwirtschaft und zur Versorgung der Feriendörfer an der Ostküste gespeichert.

Karg und nahezu ohne Wasser ist dagegen die «Désert des Agriates» im Nordwesten, die die Bezeichnung Wüste nicht umsonst trägt. In den sonnendurchglühten Felsen gedeiht nur die Garrigue, ein niedriges Dornengestrüpp.

Korsika ist eine Insel mit üppiger Vegetation. Zur Blütezeit ist die Macchia, die weite Gebiete des Landes bedeckt, von starken Düften erfüllt, und Blüten und Gewächse setzen kräftige Farbakzente.

Weiter südlich – wieder ein Landschaftskontrast – schließt sich die alte Kornkammer Nebbio, dann die Balagne, der «Garten Korsikas», mit großen Olivenhainen an. Auch hier wüten immer wieder Feuer. Bekannt ist die Balagne, die wie eine große Muschel zwischen Meer und Bergen die Sonnenglut speichert, besonders für ihren Wein. Weiter südlich liegt das Ornano, einst von alten Adelsgeschlechtern beherrscht.

Sieht man einmal von der Hauptstadt Ajaccio und vom Sartenais im Süden mit Weinbau und Landwirtschaft ab, so bestimmt Macchia mit Baumheide, Zistrosen, Rosmarin, Mastix und Myrte die Vegetation der Westküste. Dieser undurchdringliche Buschwald wird in günstigen Lagen über drei Meter hoch, und zur Blütezeit im Frühjahr verbreitet er jenen betäubenden Duft, an dem schon Napoleon seine Heimatinsel vom Meer aus erkannt haben soll.

Macchia macht sich auch überall dort breit, wo Feuer die Wälder vernichtet hat und wo alte Kulturlandschaften nicht mehr bewirtschaftet werden, wie die hochgelegene Alta Rocca, eine der ersten besiedelten Landschaften auf der Insel.

Hier finden zahlreiche Schmetterlingsarten einen idealen Lebensraum. Einige von ihnen sind «echte Korsen», denn es gibt sie – wie auch 78 Pflanzenarten – nur auf der Insel.

Bevölkerung: Korsika hat rund 250 000 Einwohner, doch nur knapp die Hälfte von ihnen sind «eingeborene» Korsen. Die anderen sind zum größten Teil Franzosen vom Festland und aus den ehemaligen Kolonien und dazu 25 000 Ausländer, darunter vor allem viele Gastarbeiter und Einwanderer aus Nordafrika. Die Angst der Korsen, zu einer Minderheit im eigenen Land zu werden und die eigene, unverwechselbare korsische Identität durch Überfremdung zu verlieren, führt noch heute immer wieder zu Spannungen.

Dabei ist Korsika nach Sardinien die am dünnsten besiedelte Mittelmeerinsel, und die korsische Wirtschaft braucht die «Fremden» dringend. Die Hälfte der Bevölkerung lebt in den beiden Großstädten Bastia und Ajaccio. In den Küstenregionen wohnen 24 Menschen pro Quadratmeter – im Inneren der Insel sind es nur sieben. In der Castagniccia, vor 100 Jahren noch die am dichtesten besiedelte Region Korsikas, gibt es Dörfer, die nur noch fünf Bewohner haben. Die anderen sind weggezogen in die Städte, auf das französische Festland oder ins Ausland – eine Ursache der wirtschaftlichen Probleme Korsikas. Man schätzt, daß zwei Millionen Korsen in aller Welt leben. Zurückgeblieben sind vor allem die alten Leute: Über ein Viertel der Bevölkerung ist älter als 60 Jahre, 18 Prozent sind über 65.

Die Amtssprache in Korsika ist Französisch, doch die Muttersprache der Korsen ist Korsisch, das mit dem Italienischen eng verwandt ist. Lange Zeit verboten und massiv unterdrückt, darf die korsische Sprache heute wieder – wenigstens zwei Stunden in der Woche – in den Schulen unterrichtet werden. Viele Korsen, vor allem die jungen, haben in der Gegenwart ein Bewußtsein für die eigene Sprache und Kultur gewonnen.

Wirtschaft: Gemessen am Bruttosozialprodukt ist Korsika das Schlußlicht der französischen Regionen. Ein Teil der wirtschaftlichen Probleme Korsikas ist geographisch bedingt. Einmal durch ihre Insellage und die zwangsläufig daraus resultie-

Hier im Gebirge, im Inneren der Insel, befand sich einmal ein Dorf. Die Bewohner sind schon vor Jahren abgewandert. Und bald werden auch die restlichen jetzt noch sichtbaren Mauern vom Efeu gänzlich überwuchert sein.

renden Transportprobleme, zum anderen durch die Gliederung in zahlreiche, durch Gebirge getrennte Mikroregionen.

Die korsische Wirtschaft ist nicht sehr produktiv: Drei Viertel des Bruttosozialproduktes werden im Dienstleistungsbereich erwirtschaftet, 70 Prozent der Beschäftigten finden dort ihren Arbeitsplatz. Industrie ist, bis auf wenige Ausnahmen in der Umgebung von Bastia und Ajaccio, nicht vorhanden. Produziert wird in handwerklichen Familienbetrieben.

Der größte Wirtschaftsfaktor ist der Tourismus: Es kommen rund 1,3 Millionen Urlauber jährlich nach Korsika, ein Viertel von ihnen sind aus Deutschland. Allerdings fließt etwa 44 Prozent des Geldes, das sie ausgeben, wieder ab, weil die Produktion von Gütern auf der Insel für die Nachfrage nicht ausreicht, also Waren importiert werden müssen.

Der Tourismus ist eine ungeliebte Lebensader: Immer wieder richten sich die Anschläge von radikalen Nationalisten gegen Ferienanlagen. Dies geschieht teils aus Protest gegen häufig manipulierte Baugenehmigungen für Feriendörfer in bevorzugten Küstenregionen, teils um den «Ausverkauf» der Insel an internationale Immobiliengesellschaften im Zuge des vereinten Europa zu verhindern.

Auf der Insel sucht man Wege zu einem «sanften Tourismus», für den keine Küsten betoniert, sondern Ökonomie und Ökologie vereint und auch das strukturschwache Inselinnere entwickelt werden. Ein Modell dafür ist der «Parc naturel régional de la Corse», ein Naturpark, der auf einer Fläche von 300 000 Hektar Bergseen und Kiefernwälder, seltene Orchideen, alpine Gipfel und Seeadler und romanische Kapellen schützt, und dabei mit einem Netz von Wanderwegen und Übernachtungsmöglichkeiten den Tourismus fördert und gleichzeitig kanalisiert und den Bewohnern der Dörfer im Inselinneren neue Perspektiven eröffnet.

Vom Tourismus profitieren auch das Baugewerbe und die Landwirtschaft. Sie gliedert sich in zwei gegensätzliche Bereiche. Im Inselinneren dominiert die traditionelle, extensive Nutzung des Landes durch die Hirten und Viehzüchter, während besonders an der Ostküste der intensive Anbau von Klementinen, Kiwis, Gemüse und vor allem Wein betrieben wird. Trotz der Stillegung von großen Flächen bleibt der Weinbau mit 58 Prozent der größte Faktor in der Landwirtschaft, gefolgt von der Viehzucht. Der größte Teil der Produkte bleibt auf dem korsischen Markt.

Eine Arbeitslosenquote von 13 Prozent signalisiert die wirtschaftliche Unterentwicklung der Insel. Nur ein Viertel der Absolventen der Universität von Corte findet auf der Insel eine Anstellung, die ihrer Ausbildung entspricht. Ein neuer Sonderstatus soll für Unternehmen steuerliche Anreize schaffen, in Korsika trotz der ungünstigen geographischen Bedingungen und der politischen Instabilität zu investieren.

Politik und Verwaltung: Korsika ist in zwei Départements gegliedert: Haute-Corse mit der Hauptstadt Bastia und Corse-du-Sud mit der Hauptstadt Ajaccio, das gleichzeitig die Hauptstadt der Region ist. Seit 1982 tagt in Ajaccio ein regionales Parlament mit 51 Abgeordneten, die sogenannte Assemblée de la Corse. Sie kann der Nationalversammlung in Paris Vorschläge machen und verfügt über eine gewisse Autonomie, was die inneren Angelegenheiten der Insel betrifft. Dazu

DIE KORSISCHE KÜCHE

Ein geflügeltes Wort sagt: «Baccala für Korsika!»: Den salzigen Stockfisch für Korsika! Dies ist als Vorwurf an Frankreich gerichtet, dem das Schlechteste für die Insel im Mittelmeer angeblich gerade noch gut genug ist. Dabei sind die Tage der getrockneten Stockfische selbst in dörflichen Krämerläden gezählt, denn längst dreht der Kühlwagen mit Mittelmeerfischen und Langusten auch dort seine Runden. Und den Korsen selbst war für ihre schlichte, ländliche aber gehaltvolle Küche schon immer nur das Beste, was die Insel zu bieten hat, gut genug – und das nicht nur beim Fisch.

Frisch ist der **Fisch** (an der Küste) auf jeden Fall. Dort wird er «je nach Fang» angeboten – er hat allerdings auch seinen Preis. Als Vorspeise zu einem Fischgericht wird gern die korsische Fischsuppe *aziminu* mit geröstetem Brot, Knoblauch und einer scharfen Sauce gereicht. Austern, Muscheln und Krabben werden in den Lagunen an der Ostküste gezüchtet. In einigen Restaurants in den Bergen kommen Forellen aus den Wildbächen als besondere Spezialität auf den Tisch.

Das Essen ist in Korsika eine gesellige Angelegenheit, und man nimmt sich dazu auch viel Zeit. Nicht nur in den Restaurants, sondern auch in Privathaushalten gibt es häufig Menüs mit mehreren Gängen. Räucherwaren, *charcuterie corse*, aus dem Fleisch der freilebenden Schweine bilden dabei in der Regel die Vorspeise. Da gibt es den würzigen **Schinken** *prisuttu*, *lonzu* aus dem Filet und *coppa* aus dem Schweinekamm und die korsische **Hartwurst** *salciccia*. Dazu vom Herbst bis zum Frühjahr *figatelli*, frische **Leberwürste**, über offenem Feuer geröstet.

Das Hauptgericht ist wie in allen ländlichen Küchen von der Jahreszeit abhängig. Fleischgerichte wie Milchlamm und Zicklein sind sehr beliebte Speisen im Winterhalbjahr. **Gemüse**, frisch aus Terassengärten oder von den Feldern der Ostküste, gehört zum Frühling und zum Sommer. Die Korsen kochen daraus die *suppa* oder französisch *soupe paysanne*, das ist eine gehaltvolle Gemüsesuppe, die als Vorspeise oder auch als Hauptgericht gegessen wird.

Oft kombiniert man Gemüse zusammen mit Fleisch zu einem Eintopfgericht, das *tianu* genannt wird.

Während an den Küsten im Sommer der Fisch Trumpf ist, hält man sich im Inneren der Insel eher an Kaninchen-,

Einige Zutaten für die schmackhafte korsische Küche: Artischocken, «brocciu» und Weintrauben.

Hammel- oder Kalbfleisch, das von freilaufenden Kälbern stammt. Zur Jagdzeit kommen Wildgerichte, besonders Wildschwein, hinzu. Das Fleisch der halbwilden Schweine wird fast ausschließlich zum Räuchern verwendet.
Inzwischen besinnen sich immer häufiger auch Restaurantköche auf die Früchte des korsischen «Brotbaumes»: Die **Eßkastanien**. Einige der über hundert bekannten Rezepte aus Kastanienmehl sind heute wieder sehr beliebt.

Dazu gehört die *pulenta*, ein fester Kloß aus gekochtem Kastanienmehl, der in Scheiben geschnitten als Beilage zum Fleisch gereicht wird. Zusammen mit Nüssen und Rosinen wird aus Kastanienmehl auch Kuchen gebacken. Im Herbst röstet man frische Kastanien in einem eisernen Topf über offenem Feuer und trinkt dazu Roséwein.

Der **Käse** bildet nicht nur den Abschluß jeder Mahlzeit, sondern er ist häufig bereits ihr Hauptbestandteil. Dann etwa, wenn auf eisernen Platten an langen Stielen über dem Feuer die *nicci* gebacken werden. Das sind flache Pfannkuchen, zu denen man frischen Schafs- oder Ziegenkäse ißt. Und Käse gehört auch in die Krapfen, *manfare*, die in Öl gebacken werden.

Vielseitiger ist der *brocciu*, die korsische Käsespezialität aus geronnener Molke und etwas Milch. Omeletts, Cannelloni oder auch Artischocken werden damit gefüllt, süße Kuchen daraus gebacken und Suppen damit gekocht.

Der Käse aus Ziegen- und Schafsmilch, mal wegen der Haltbarkeit mit Asche eingerieben, mal in Farnblätter gehüllt, wird meistens von den Hirten selbst oder von Kooperativen hergestellt, und er schmeckt viel besser, als sein oft unansehnliches Äußeres und sein strenger Geruch vermuten lassen.

Zu jeder Mahlzeit gehört eine Karaffe mit **Wasser**. Manchmal stammt es aus einer der korsischen Mineralquellen, zum Beispiel aus Orezza. Oft aber auch aus einem der zahlreichen Brunnen: Aus ihnen fließt – vor allem in den Bergen – gutes Trinkwasser, wenn nicht ausdrücklich vor dem Genuß gewarnt wird. Ausnahmen sind die Ebenen und die Städte. Und so sagt auch ein korsisches Sprichwort: «Trinke Wasser in den Bergen und Wein in der Ebene.»

Es gibt acht Weinbauregionen, deren Weine den strengen Auswahlkriterien der A.O.C. (Appellation d'Origine Contrôlée) entsprechen. Heute setzen viele korsische Winzer wieder auf die traditionellen Rebsorten und Anbauweisen. Über Korsika hinaus berühmt sind die Weine von Patrimonio. Oft kann es der namenlose offene Wein, der in den Lokalen ausgeschenkt wird, durchaus mit so berühmten Namen wie *Santa Barba* und *Fiumiccicoli* im Sartenais, *Clos Peraldi* in Ajaccio, *Clos Reginu* in der Balagne, *Domaine Peretti* auf dem Cap Corse, *Clos Bernardi* und *Orenga de Gaffori* in Patrimonio aufnehmen.

Monika Siegfried-Hagenow

Trotz der weiten Verbreitung von «supermarchés» auf Korsika wird bevorzugt wie eh und je auf dem Markt eingekauft. Wochenmärkte gehören in Städten und Dörfern der Insel zum Straßenbild.

zählen nach dem Statut von 1990 vor allem die Bereiche Transport, Umwelt, Nutzung des Bodens, wirtschaftliche Entwicklung, Kultur, Schulwesen und Weiterbildung.

Das Regionalparlament wählt ein siebenköpfiges Exekutivkomitee mit einem Präsidenten an der Spitze. Es verfügt über einen bescheidenen Etat, besitzt aber keine legislative Gewalt: Die Gesetze werden auch weiterhin in Paris gemacht.

Vor allem den Nationalisten, die seit 1992 die zweitstärkste politische Kraft auf der Insel sind, reichen auch die erweiterten Kompetenzen, die das neue Statut den Korsen zugesteht, nicht aus. Sie fordern eine echte politische Autonomie, haben aber im Regionalparlament trotz ihres Rückhalts in der Bevölkerung keine Mehrheit.

Sehenswerte Orte und Landschaften von A bis Z

Ziffern im Kreis verweisen auf die Karte auf Seite 155.

Ajaccio (Aiacciu) ①. Die Sage nennt den homerischen Helden Ajax als Gründer der Stadt im Westen Korsikas. Wahrscheinlicher ist aber, daß die Römer dem Ort den Namen Adjacium, das heißt Ruheplatz, gaben. Um 600 wurde Ajaccio Bischofssitz, im 10. Jahrhundert verwüsteten es die Sarazenen. Die eigentliche Stadtgründung erfolgte 1492 durch die Genuesen, die zahlreiche Adlige und Familien aus Ligurien in der heutigen Altstadt ansiedelten. Sie bauten auch die 1554 von den Franzosen begonnene *Zitadelle* aus, die heute militärischen Zwecken dient. Einen Überblick über die Entwicklung der Stadt von den Genuesen bis heute vermittelt das *Musée du Capitellu* mit Erinnerungsstücken alteingesessener Familien.

Doch die wichtigste Person in der Geschichte von Ajaccio, an die auf Straßen und Plätzen, in Andenkenläden und auf Speisekarten, einfach überall in der Stadt erinnert wird, ist Napoleon Bonaparte, der hier am 15. August 1769 geboren wurde. Das *Maison Bonaparte*, sein Geburtshaus in der Rue St.-Charles, beherbergt heute ein Museum. Auch ein Saal in der ersten Etage des *Rathauses* am Place du Maréchal-Foch ist dem großen Sohn gewidmet und enthält neben persönlichen Gegenständen auch die Geburtsurkunde und Totenmaske des Kaisers. Auf dem Platz hinter dem Rathaus und in den zugehörigen Hallen findet Markt statt.

Napoleon ist allgegenwärtig: als Marmorstatue mit vier Löwen zu Füßen auf dem *Springbrunnen* auf dem *Place du Maréchal-Foch*, als Reiterstandbild (1865), umgeben von seinen vier Brüdern, auf dem repräsentativen *Place Général-de-Gaulle*. Das größte Denkmal setzte die Stadt ihrem berühmten Sohn auf dem *Place d'Austerlitz* in einer Grünanlage über dem Stadtzentrum, wo er als Junge gespielt haben soll. Dort krönt seine Statue eine *Steinpyramide* mit Tafeln, auf denen seine Schlachten und die Stationen seines Ruhms verzeichnet sind.

Napoleons Wunsch, in der Kathedrale *Notre-Dame-de-la-Miséricorde* begraben zu werden, ging nicht in Erfüllung. Die

Aleria an der Ostküste war in der Antike fast ein Jahrtausend lang wichtiger Handelshafen und kultureller Mittelpunkt der Insel. Von dieser Zeit zeugen noch heute die bedeutenden Ausgrabungen beim Fort Matra.

Kirche in der Form eines griechischen Kreuzes wurde 1582 begonnen und 1593 vollendet. Der heiligen Maria als Schutzpatronin der Stadt geweiht, wird sie auch *Madonnuccia* genannt. Sie enthält neben dem Marmorbecken, in dem Napoleon mit zwei Jahren getauft wurde, unter anderem Stuck aus der Werkstatt Tintorettos, 15 Gemälde aus dem 17. Jahrhundert und ein Mariengemälde von Eugène Delacroix (1798–1863).

Napoleon fand seine letzte Ruhestätte im Invalidendom in Paris, aber neun Mitglieder seiner Familie ruhen in der Krypta der *Chapelle Impériale* in der Rue Cardinal Fesch. Die Grabkapelle ließ Napoleon III. 1855 bis 1858 im Renaissancestil erbauen. Sie ist unter anderem Grabstätte der Eltern Napoleons und des Kardinals Joseph Fesch (1763–1839).

Dieser Onkel des Kaisers, der zu seinen Lebzeiten 16 000 Gemälde auf zum Teil recht unchristliche Weise an sich gebracht hatte, vermachte einen Teil der Sammlung seiner Heimatstadt. Zu besichtigen sind davon 300 Gemälde, darunter eine bedeutende Sammlung von Werken italienischer Maler aus dem 14. und 17. Jahrhundert, die im 1990 wiedereröffneten *Musée Fesch* ausgestellt werden. Im linken Flügel des Palais befindet sich eine 60 000 Bände umfassende Bibliothek mit zum Teil sehr seltenen und kostbaren Büchern.

Die betriebsame Hafen- und Verwaltungsstadt Ajaccio ist mit ihren 58 300 Einwohnern heute die größte Stadt Korsikas, sie ist sowohl Sitz des Regionalparlaments als auch der Präfektur des Départements Corse-du-Sud.

Von Ajaccio führt ein Ausflug zur Halbinsel de la Parata mit Ausblick auf die *Iles Sanguinaires* ②, die «blutigen Inseln», so genannt, weil sie etlichen Schiffen zum Verhängnis wurden.

Aleria ③. Angesichts der Handvoll Häuser, aus denen das heutige Aleria, an der Ostküste der Insel gelegen, besteht, ist es schwer vorstellbar, daß auf dem benachbarten, 60 Meter hohen Plateau einmal eine antike Großstadt mit etwa 20 000 bis 30 000 Einwohnern gestanden hat. Funde aus der Stein-, Bronze- und Eisenzeit beweisen, daß diese Gegend schon vor 7000 Jahren besiedelt war. Griechen auf der Flucht aus Kleinasien bauten im 6. Jahrhundert die Handelsstadt Alalia, gaben sie aber nach kriegerischen Auseinandersetzungen mit Karthagern und Etruskern auf. Römer vertrieben 259 v. Chr. die letzten Griechen und errichteten auf den Grundmauern der zerstörten Stadt nach dem Muster der römischen Provinzstädte ihre Kolonie Aleria, in der vor allem Veteranen angesiedelt wurden. Die Korsen der Umgebung, die sich in zahlreichen Aufständen dagegen wehrten, wurden zu hohen Abgaben gezwungen beziehungsweise versklavt.

Durch ein Feuer und durch die Invasion der Wandalen im Jahre 456 n. Chr. wurde die Stadt zerstört und das Gelände seitdem landwirtschaftlich genutzt. 1958 wurden die ersten archäologischen Ausgrabungen durchgeführt.

Heute ist ungefähr ein Zehntel der *Ruinen* freigelegt, darunter befinden sich das Forum, das Prätorium, ein Augustus-Tempel, das Balneum (Badeanlagen), Straßen und die Reste eines Torbogens. Die Nekropole auf dem Gelände der benachbarten Strafanstalt, sowie die Thermen und das Amphitheater sind nicht zu besichtigen.

Die Funde aus der bewegten Geschichte der Stadt Aleria, darunter das Skelett eines gefesselten Gefangenen, etruskische Trinkhörner, Meisterwerke attischer und hellenistischer Kunst

Die Balagne liegt im Nordwesten Korsikas. Hier reihen sich die Dörfer auf halber Höhe der Berge dicht aneinander.

und zahlreiche Zeugnisse aus der Römerzeit sind im *Musée Jérôme Carcopino* in den Räumen des wiederaufgebauten genuesischen Forts Matra ausgestellt.

Von dort aus fällt der Blick auf den *Étang de Diane*, der einst, ehe er zur Lagune verlandet ist, ein römischer Kriegshafen war. Heute ist er Zentrum der Muschel- und Austernzucht.

Wein wird – wie schon zur Zeit der Römer und Griechen – auch heute noch in der Umgebung angebaut. 1975 war Aleria Schauplatz dramatischer Ereignisse. Damals besetzten zwölf korsische Nationalisten das Weingut eines von 17 500 neu angesiedelten Algerienfranzosen. Sie taten dies aus Protest gegen die französische Landverteilungspolitik und die betrügerischen Weinpanschereien der pieds noirs.

Der Staat demonstrierte daraufhin mit tausend Polizisten seine Stärke. Es gab Verletzte und sogar Tote. Aleria gilt heute als Symbol für die korsische Widerstandsbewegung und ihre Unterdrückung durch den französischen Staat, aber auch als ein Ausgangspunkt der Welle von Gewalt, die Korsika seit den siebziger Jahren erschüttert.

Die Balagne. In diesem Landstrich, der sich im Nordwesten von Korsika erstreckt, reihen sich auf den Bergrücken viele alte Dörfer wie die Perlen auf einer Schnur aneinander. Einige von ihnen liegen noch inmitten von Olivenhainen, denen diese Landschaft ihren Beinamen «Garten Korsikas» zu verdanken hat. Zahlreiche der alten Bäume fielen allerdings inzwischen den allsommerlich auf der Insel wütenden Feuersbrünsten zum Opfer. Wir durchqueren die Balagne von Süden aus, und beginnen die Reise bei Calenzana:

Calenzana (Calizana) ④. Sehenswert ist die Kapelle *Ste.-Restitute* in der Nähe des Ortes. Im 5. Jahrhundert flohen Christen vor der Verfolgung durch die Wandalen mit den Reliquien der Heiligen, der korsischen Märtyrerin Sainte-Restitute, die 303 unter Kaiser Diokletian enthauptet wurde, nach Calenzana. An Stelle der ursprünglichen Stätte der Verehrung wurde im 11. Jahrhundert eine Kirche im pisanischen Stil errichtet, die im 14. Jahrhundert um zwei Seitenkapellen erweitert und im 16. Jahrhundert umgebaut wurde. Bei Restaurierungsarbeiten entdeckte man einen Altar aus dem 4. Jahrhundert vor dem Grab der Heiligen. Auf den Mauern des Grabdeckels fand man zwei Miniaturfresken aus dem 13. Jahrhundert, die das Martyrium der Heiligen darstellen. In der Krypta steht ein Marmorsarkophag aus dem 4. Jahrhundert.

Aregno (Aregnu) ⑤. Mitten auf dem Dorffriedhof liegt die pisanische Dreifaltigkeitskirche, *La Trinità*, aus dem 12. Jahrhundert. Arkaden mit Reliefs schmücken das polychrome Mauerwerk der hohen Fassade. Ein Stützbogen mit Figuren eines Mannes und einer Frau spannt sich über dem Portal. Hoch oben im Giebel krönt ein Relief mit verschlungenen Schlangen ein Zwillingsfenster; darüber befindet sich eine Vollplastik, die als Dornenzieher gedeutet wird.

Pigna ⑥ hat eine 800jährige Geschichte. Es wäre beinahe, wie viele andere korsische Dörfer auch, in Bedeutungslosigkeit versunken, wenn sich nicht eine Gruppe von Künstlern und Handwerkern um den Grafiker und Bildhauer Toni Casalonga dort niedergelassen hätte. Casalonga gründete im Jahre 1964

Bastia, früher die Hauptstadt der Insel, ist heute ihr bedeutendster Handelshafen und das Wirtschaftszentrum Korsikas. Hier legen die großen Autofähren vom französischen Festland und aus Italien an.

die Genossenschaft CORSICADA, die sich der Erhaltung und Erneuerung korsischer Kultur verpflichtete und das Dorf in der Balagne zu ihrem Zentrum machte.

Hier sind die Werkstätten von Künstlern und Kunsthandwerkern zu besichtigen, und in den Läden werden zum Beispiel Schnitzereien aus Olivenholz, Körbe, Keramiken und auch traditionell hergestellte Landesprodukte wie Honig, Olivenöl, Käse und Räucherwaren verkauft. Die Casa musicale im Ort ist nicht nur ein Restaurant, sondern sie ist gleichzeitig beliebter Treffpunkt für Musiker und Musikliebhaber, denn hier wird auf nachgebauten historischen Instrumenten traditionelle korsische Musik gepflegt.

Corbara (Curbara) ⑦. Die *Église de l'Annonciation* besitzt einen schönen Altar und Einfassungen des barocken Chors von 1750. Ganz in der Nähe befindet sich das im Jahre 1456 von Franziskanermönchen gegründete *Couvent de Corbara* mit einer sehenswerten Kanzel aus dem 18. Jahrhundert und einem Altar aus Carrara-Marmor.

Sant'Antonino ⑧. Fast wie ein Piratenunterschlupf wirkt das 497 Meter hoch gelegene Dorf. Es war eine der Hochburgen der Grafen Savelli und bei Überfällen Fluchtburg für die Bewohner der Umgebung. Die engen Gäßchen, Treppen und Gewölbe des verschachtelten Ortes sind nur zu Fuß oder auf dem Rücken eines Maultieres zu erkunden.

Feliceto (Felicetu) ⑨. Wenn hier Olivenernte ist, werden die Früchte noch vom hölzernen Räderwerk einer alten Olivenmühle gepreßt. Weiter unten im Dorf kann man einem Glasbläser bei seiner Arbeit über die Schulter schauen.

Speloncato (Speluncatu) ⑩. Dem verwinkelten Dorf, hoch oben auf einem Felsen gelegen, gab nicht etwa eine Spelunke den Namen, sondern die zahlreichen Höhlen, die sich im Gestein gebildet haben. Sie dienten den Bewohnern als Zufluchtsort vor Angreifern, die es ohnehin schwer hatten, den malerischen, 500 Meter hoch gelegenen «Adlerhorst» mit Ausblick über die ganze Balagne zu erobern. Am Dorfplatz steht das heute als Hotel genutzte Palais des Kardinals Savelli (1792–1864), des Staatssekretärs von Papst Pius IX.

Belgodère (Belgodè) ⑪. Das letzte Dorf auf der Strecke an der Höhenstraße durch die obere Balagne liegt inmitten von Gärten. Seine Kirche *St.-Thomas* wurde 1269 von dem pisanischen Edelmann Andrea Malaspina gestiftet. In ihrem Inneren ist das Gemälde einer Jungfrau mit Kind aus dem 16. Jahrhundert zu sehen und in der *Kapelle der Bruderschaft St.-Jean* barocke Holzschnitzereien.

Bastia ⑫. Eine Bastei der Genuesen, die mächtige Festung über dem alten Hafen, gab der Stadt im Norden Korsikas ihren Namen. Früher nutzten vor allem Fischer aus dem Dorf Cardo den geschützten Landeplatz. Sie wurden immer wieder von Griechen, Etruskern oder Seeräubern vertrieben. Römer bauten hier die Stadt Mantinum, die aber bald darauf von den Wandalen zerstört wurde. Pisaner siedelten sich auf dem Hügel an, bis auch sie von den Genuesen vertrieben wurden. Der

REISETIPS

Informationen: Auskünfte über Hotels, Veranstaltungen, Feste, Märkte, Ausflugsmöglichkeiten, Verkehrsverbindungen, Stadtpläne und so weiter erhält man in Korsika bei den 25 örtlichen Fremdenverkehrsbüros, die *Syndicat d'Initiative* oder *Office du Tourisme* heißen. Ein schwarzes i auf weißem Grund weist den Weg zu den Fremdenverkehrsämtern. In größeren Städten sind sie ganzjährig geöffnet, in kleineren Orten nur während der Hochsaison im Sommer. Informationen gibt es beim Amtlichen Französischen Verkehrsbüro, Kaiserstr. 12, 60311 Frankfurt, Tel. 0 69/7 56 08 30.

Anreise: Direktflüge von Deutschland nach Korsika gibt es im Sommer als Charterreisen – genauere Auskunft geben die örtlichen Reisebüros – Linienflüge gehen über Nizza.
Internationale Mietwagenfirmen und örtliche sind in Korsika vertreten. Wer mit dem eigenen Wagen anreist, kann über Freiburg, Lyon nach Marseille, Toulon oder Nizza fahren und dort die Fähre der französischen Fährgesellschaft SNCM nehmen, deren Schiffe Bastia und Ajaccio ganzjährig anlaufen. Alternativ dazu führt der Reiseweg über Karlsruhe, Basel, durch den St.-Gotthard-Tunnel über Mailand nach Genua, La Spezia oder Livorno. Von dort fahren die Gesellschaften Corsica Marittima und NAVARMA die Insel zwischen April und Oktober, die Corsica Ferries die Insel ganzjährig an (Informationen und Buchung im Reisebüro).

Unterkunft: An den Küsten, zum Teil auch im Inselinneren wurde in den letzten Jahren eine Reihe neuer Hotels aller Preiskategorien eröffnet. Im Sommer ist eine Reservierung empfehlenswert. Im Frühjahr und Herbst gibt es erhebliche Preisnachlässe, man sollte sich jedoch vorher nach den Öffnungszeiten erkundigen. Im Winter sind mit Ausnahme der großen Hotels in den Städten fast alle Hotels und Restaurants geschlossen. Pensionen gibt es auf der Insel kaum. Beliebt sind Bungalows in Feriendörfern, die überall an den Küsten entstanden sind. Für die Monate Juli/August ist eine rechtzeitige Anmeldung unerläßlich. Ferien auf dem Land, häufig mit Familienanschluß, kann man in *Gîtes* genannten Unterkünften verbringen. Die Adressen vermittelt das Französische Fremdenverkehrsamt (siehe Informationen).

Veranstaltungen: In der Karwoche finden überall auf der Insel zahlreiche Prozessionen und Kreuzwege statt. Berühmt ist die Bußprozession des *Catenacciu* in Sartène. In Ajaccio feiert man am 15. August den Geburtstag Napoleons. Während des Sommers finden zahlreiche Vieh- und Handwerkermärkte *(fiera)* mit kulturellen Darbietungen überall auf der Insel statt. In den Weinbauregionen feiert man Weinfeste (Auskünfte darüber erteilen die örtlichen Verkehrsbüros). Wallfahrten und Feste werden am 8. September an Orten der Marienverehrung veranstaltet, so zum Beispiel in Casamaccioli, Lavasina und Calvi. Zu Allerheiligen am 1. November besuchen die Korsen die Familiengräber in ihren Heimatdörfern.

Kirchen: Die meisten der Kirchen sind während der Woche geschlossen. Man

Ein Urlaubsparadies für Wassersportler: Landschaft bei Porto (oben). Aber auch Radler und Wanderer finden auf der Mittelmeerinsel eine abwechslungsreiche Landschaft vor: Blick vom Col de Vergio (links) ins Niolo.

kann aber nach dem Schlüssel entweder auf dem Bürgermeisteramt, im Fremdenverkehrsamt oder in den Häusern in der Nähe der Kirche fragen.

Aktivitäten: Baden kann man fast überall an den Küsten, denn die Wasserqualität ist gut. Als gefährlich gilt nur der Strand von Nonza wegen des Abraumes aus dem Asbestabbau und der Sandstrand an der Mündung des Liamone wegen der gefährlichen Strömungen. Kleine Kiesstrände gibt es am Cap Corse, Sandstrände an der Ostküste und in der Balagne. An der Westküste wechseln sich felsige Steilküsten mit sandigen Buchten ab.
Korsika ist auf dem besten Wege, sich zum Wanderparadies zu entwickeln. Der alpine Wanderweg GR 20 führt in zwölf Tagesetappen in das Hochgebirge. Drei andere Wanderwege über größere Entfernungen erschließen Küsten, Dörfer und die Wälder im Inneren der Insel. Hinzu kommt ein Netz von kleineren Pfaden für Tagesausflüge. Informationen und Karten gibt es beim Parc naturel régional de la Corse, 4, Rue Fiorella, B.P. 417, F-20 184 Ajaccio.

Monika Siegfried-Hagenow

Einst genuesischer Brückenkopf ist der Alte Hafen von Bastia heute für den modernen Fährschiffverkehr zu klein geworden. Der Hafen wird dominiert von der Barockkirche St.-Jean-Baptiste aus dem Jahre 1666.

genuesische Gouverneur ließ auf dem Felsen den Bau der *Zitadelle* beginnen, die im Jahre 1530 vollendet wurde. Sie ist Zentrum eines von Bollwerken und Mauern umgebenen Stadtviertels, der *Terra Nova*, in dem zahlreiche privilegierte genuesische Familien angesiedelt wurden, als im 17. Jahrhundert der Regierungssitz des Gouverneurs von Biguglia nach Bastia verlegt und der *Gouverneurspalast* innerhalb der Festungsmauern errichtet wurde. Die korsische Bevölkerung wohnte um den Alten Hafen in der *Terra Vecchia*, der Altstadt.

Heute befindet sich in dem ehemaligen Gouverneurspalast das *Museum für korsische Völkerkunde* (Musée d'Ethnographie Corse) mit Geräten und Bildern aus dem Leben der Bauern, Hirten und Handwerker früherer Jahrhunderte. Im Garten ragt der Kommandoturm des U-Bootes Casabianca auf, das die korsischen Widerstandskämpfer im Zweiten Weltkrieg mit Waffen versorgt hat.

Den Genuesen verdankt Bastia seine Barockkirchen. Innerhalb der Mauern der Zitadelle wurde im Jahre 1570 die Kirche *Ste.-Marie* als Kathedrale des Erzbistums Mariana gebaut und im 17. Jahrhundert erweitert. Bekannt ist die aus Silber getriebene Madonna aus dem 18. Jahrhundert. An der Rückseite der Kirche führt ein unscheinbarer Toreingang zur heiteren, mit üppiger Pracht ausgestatteten Kapelle *Ste.-Croix*. Sie beherbergt ein Kruzifix, das Fischer im Jahre 1428 aus dem Meer bargen und dem wundertätige Kräfte zugeschrieben werden. Die beiden Türme der Kirche *St.-Jean-Baptiste*, 1666 erbaut, überragen das Viertel der Fischer am Alten Hafen und sind das Wahrzeichen der Stadt. Im Inneren sind Stuck, polychrome Marmorarbeiten an Hauptaltar, Kanzel und Taufstein aus dem 18. Jahrhundert und wertvolle Gemälde italienischer Schulen zu sehen. Nicht weit entfernt, in der Rue Napoléon, steht die *Chapelle de l'Immaculée Conception* von 1611 mit einem Mariengemälde, das Bartolomé Esteban Murillo (1618–1682) oder seiner Schule zugeschrieben wird, einem genuesischen Wandteppich und einer Sammlung sakraler Gegenstände.

Weltliche Genüsse bietet der *Markt* hinter dem Alten Hafen täglich vom frühen Morgen bis zum Mittag. Hier breiten Fischer ihren Fang und Marktfrauen ihr Obst und Gemüse auf den Marktständen zum Verkauf an.

Das Panorama von Altstadt und Zitadelle erschließt ein Spaziergang bis zur Spitze der *Jetée du Dragon* genannten Mole, die als Schutz des Fischer- und Jachthafens dient.

Bastias heutiges Zentrum und seine Flaniermeile ist der *Place St.-Nicolas* am Neuen Hafen mit zahlreichen Straßencafés unter Platanen und Palmen. Hier marschierten im Zweiten Weltkrieg Mussolinis Truppen auf, gefolgt von 10 000 deutschen Soldaten. Hier erklärte de Gaulle Korsika zum ersten befreiten Département Frankreichs. Ein Denkmal – eine korsische Mutter mit Sohn – erinnert an die Gefallenen der Welt- und Kolonialkriege. Auf der Südseite des Platzes blickt Napoleon als römischer Konsul auf Boulespieler, Touristen und korsische Großmütter mit ihren Enkeln herab.

Mit 37 800 Einwohnern ist Bastia die zweitgrößte Stadt Korsikas und auch der bedeutendste Handels- und Verkehrshafen. Die Hochhausanlagen ihrer neueren Vororte dehnen sich weit nach Süden aus. Dort befinden sich auch die wenigen Industriegebiete der Insel. Die Stadt Bastia ist Sitz der Präfektur des Départements Haute-Corse.

Das lebendige Zentrum Bastias ist der Place St.-Nicolas, in dessen südlichem Teil sich das Standbild Napoleons als römischer Konsul befindet. Es ist ein Werk von dem italienischen Bildhauer Bartolini.

Dieser Blick auf den Alten Hafen und die Altstadt von Bastia, der Stadt im Norden der Insel, bietet sich von der Fähre aus.

Bonifacio (Bunifaziu) ⑬. Über 60 Meter hoch und stellenweise nur 250 Meter breit sind die weißen Klippen aus Kalkstein, auf denen die Altstadt mit der *Zitadelle* und den wuchtigen Festungsmauern gebaut ist. Sie schützen einen schmalen, anderthalb Kilometer langen Fjord an der Südspitze der Insel, einen natürlichen Hafen, in dem möglicherweise um 1200 v. Chr. Odysseus mit seinen Gefährten Schutz suchte. Sicher ist, daß um 6570 v. Chr. die «Dame von Bonifacio» hier gelebt hat, deren Skelett in einer Höhle im Kalkstein gefunden wurde.

Als Gründer der Stadt gilt der toskanische Graf Bonifacio, von dem die Stadt auch ihren Namen haben soll. Zwei Jahrhunderte lang regierte Pisa die Siedlung auf dem Kalkfelsen, bis Genua im 12. Jahrhundert die Seeherrschaft errang, die Pisaner aus den Mauern vertrieb und ligurische Familien in Bonifacio ansiedelte. Genuesisch geprägt ist die gesamte Altstadt mit ihrer Bogenarchitektur rund um die Kirche *Ste.-Marie-Majeure*, die von den Pisanern im 13. Jahrhundert begonnen und von den Genuesen vollendet und mehrmals umgebaut wurde. Sehenswert sind der Glockenturm mit seinen Arkaden und Reliefs, im Inneren Altar und Tabernakel aus dem 15. Jahrhundert und ein römischer Marmorsarkophag aus dem 3. vorchristlichen Jahrhundert. In der Arkadenhalle vor dem Portal der Kirche wurde im Mittelalter über die Geschicke der Stadt diskutiert und entschieden. Das Regenwasser, das über das Dach abfloß, speiste früher eine Zisterne.

Der *Place Manichella* mit Ausblick auf Korsikas Südspitze, das *Capo Pertusato*, und zur Nachbarinsel Sardinien beherbergt unter runden Steindeckeln Vorratskammern, die während der zahlreichen Belagerungen der Stadt für das Überleben der Bevölkerung sorgten. Ein paar Schritte weiter trotzte die *Grand Bastion* der Genuesen den Angreifern. Eine Steintreppe führt abwärts zum alten Stadttor *Porte des Gênes* (1598) mit Zugbrücke und Eisengitter. Auf halber Höhe der Stiege erinnert die weiße Kapelle *St.-Roch* an die verheerende Pestepidemie des Jahres 1528.

Gleich zwei Kaiser beherbergte die *Rue des Deux Empéreurs*: 1541 übernachtete hier Kaiser Karl V., 1793 verbrachte Napoleon Bonaparte hier einige Wochen.

In der Nähe der Kaserne, die bis 1983 Sitz der Fremdenlegion war, erhebt sich der achteckige Glockenturm der gotischen Kirche *St.-Dominique* aus dem 13./14. Jahrhundert.

Ein Spaziergang führt an alten Windmühlen vorbei zur Landspitze, wo sich eine großartige Aussicht bietet, und weiter zum Friedhof *Cimetière Marin* mit prächtigen Grabhäusern alter Familien neben der Kirche *St.-François* aus dem 13. Jahrhundert. In der Nähe führen die 187 Stufen der *Escalier du Roi d'Aragón* über die Klippen in die Tiefe bis zum Meer hinunter. Der Sage nach ließ König Alfons V. von Aragón diese Stufen in einer einzigen Nacht in den Fels schlagen, als er im Jahre 1420 Bonifacio fünf Monate lang belagerte. Es gelang ihm nicht, die Stadt zu bezwingen.

Ausflugsboote fahren von den Kais in der Unterstadt zu den Grotten in der Umgebung. Ihre Vermieter teilen sich den Kai mit den Cafés und Restaurants und den Fischern.

Die Kirche *St.-Érasme*, ursprünglich ein Bethaus aus dem 13. Jahrhundert, das mehrfach umgebaut wurde, beherbergt im Gewölbe der Apsis aus dem Mittelalter die Prozessionsfigur ihres Schutzpatrons.

Im pittoresken Dorf Erbalunga stehen noch viele der alten Häuser. In diesem Ort an der Ostküste des Cap Corse wurde 1871 der Dichter Paul Valéry geboren.

Calacuccia ⑭. Das Dorf am Ufer der gleichnamigen Talsperre ist Hauptort des Hirtenlandes *Niolo* (Niolu) im Nordwesten und ein idealer Ausgangspunkt für Bergwanderungen und Hochtouren, vor allem zum *Monte Cinto* (2706 Meter), dem höchsten Berg Korsikas.

Lange war die Gegend von der übrigen Insel weitgehend abgeschnitten und nur über Maultierpfade durch die wilde Schlucht **Scala di Santa Regina** ⑮ zu erreichen. Erst 1889 wurde die schmale Straße in den Granit gesprengt. Von den 17 engen Spitzkehren aus sind noch Reste des alten Verbindungsweges zu erkennen.

Calvi ⑯. Mit seinen Sandstränden und rund 30 000 Besuchern im Sommer ist Calvi das größte Touristenzentrum an der Westküste. Beherrscht wird die Stadt am Golf von Calvi im Nordwesten der Insel von der genuesischen *Zitadelle* aus dem 13. Jahrhundert (im 15. und 16. Jahrhundert wurde sie erweitert), die ein ganzes Stadtviertel und eine Kaserne der Fremdenlegion in ihren wuchtigen Mauern beherbergt und allen Eroberungsversuchen von Türken, Engländern und Spaniern trotzte. Gleich nebenan, am *Place des Armes*, steht die Kirche *St.-Jean-Baptiste*. Im 13. Jahrhundert erbaut, wurde sie nach einer Explosion des benachbarten Pulvermagazins zerstört und 1570 wieder aufgebaut und von Papst Gregor XIII. zur Kathedrale ernannt. Zu sehen sind ein Taufstein aus dem 16. Jahrhundert, der Hauptaltar der Kirche aus polychromem korsischem Marmor (17. Jahrhundert) und in der Apsis ein Triptychon (1498) des genuesischen Malers Barbagelata ohne Mittelteil, außerdem die Kreuze, die von Bruderschaften in der Karwoche bei Bußprozessionen durch die Straßen getragen werden und ein Kruzifix aus Ebenholz, «Christus der Wunder» genannt. Das *Oratoire St.-Antoine* in der gleichnamigen Gasse zeigt eine Sammlung sakraler Kunst der Balagne.

Die Einwohner von Calvi sind davon überzeugt, daß auf den niedrigen Mauerresten im nordwestlichen Teil der Befestigungsanlagen das Geburtshaus von Christoph Kolumbus gestanden hat. Im alten Pulvermagazin werden heute Ausstellungen und Konzerte veranstaltet. Von den Wällen des äußeren Ringes der Zitadelle blickt man auf den alten *Salzturm*, auf den Jachthafen und die Restaurants und Bars des belebten *Quai Landry* und die Kirche *Ste.-Marie-Majeure* (17./18. Jahrhundert). Sie erhebt sich an einem kleinen Platz mitten in der Unterstadt und besitzt eine sehenswerte Kuppel und Gemälde aus dem 16. und 17. Jahrhundert.

Ein Ausflug nach Süden führt über kleine Straßen zur Wallfahrtskapelle *Notre-Dame-de-la-Serra* auf einem Hügel hoch über den Dächern von Calvi. Hier bietet sich ein Ausblick über den Golf, die Stadt, die Balagne bis hin zu den häufig schneebedeckten Berggipfeln.

Cap Corse (Capicorso). Weit springt die schmale Halbinsel nach Norden vor. Sie ist umschlungen vom Meer und war zur Zeit der Genuesen bewacht und durch zahlreiche Rundtürme gesichert. Für zusätzlichen Schutz der Küsten und Dörfer sorgt nach dem Glauben der Fischer das Altargemälde der Madonna (16. Jahrhundert) in der Wallfahrtskirche *Notre-Dame-des-Grâces* (17. Jahrhundert) in *Lavasina* ⑰ an der Ostküste des Cap Corse, wo die Rundfahrt um die Halbinsel beginnt. Das

Bonifacio, an der Südspitze der Insel, ist mit ihrer gewaltigen Festungsanlage wohl eine der seltsamsten Städte Europas. An die Kalkfelsen, auf denen Bonifacio thront, brandet beständig die See, und manche der Häuser scheinen über dem Abgrund zu schweben – einem Absturz bedrohlich nahe.

Altargemälde in der Wallfahrtskirche stammt wahrscheinlich aus der Werkstatt des italienischen Malers Perugino.

Erbalunga ⑱ ist ein Fischerdorf mit engen, verwinkelten Gassen und einem genuesischen Wachturm. Alljährlich finden hier in der Karwoche zwei traditionelle Prozessionen statt, die «granitula» und «cerca» genannt werden.

Sisco (Siscu) ⑲. Dieser Ort liegt in einem fruchtbaren Seitental oberhalb der gleichnamigen Marina und war im Mittelalter ein wohlhabendes Zentrum der Waffenschmiede. Ihnen verdankt die Kirche *St.-Martin* eine Maske aus vergoldetem Kupfer mit der Reliquie des Heiligen Johannes Chrysostomus aus dem 13. oder 14. Jahrhundert.

Macinaggio (Maccinaghju) ⑳. Bis zum Bau des Neuen Hafens von Bastia war der Hafen dieses Ortes bedeutsam. Pasquale Paoli sandte von hier seine Flotte aus, um die Genuesen von der Insel Capraia zu vertreiben, und betrat bei der Rückkehr aus seinem englischen Exil an dieser Stelle wieder korsischen Boden. Nach der Einweihung des Suezkanals landete Kaiserin Eugénie am Quai von Macinaggio. In der Nähe fand man die Ruinen einer Römerstadt.

Rogliano (Ruglianu) ㉑. Mit drei Burganlagen und zahlreichen Türmen hoch über Küste und Meer beherrschten von hier seit dem 12. Jahrhundert adlige Feudalherren den Norden des Cap Corse. Sogar die beiden Kirchen gleichen Festungen.

Centuri ㉒ ist von mittelalterlichen Wohntürmen und Zinnen geprägt, mehr noch ist es das benachbarte *Morsiglia* ㉓, während in der *Marine de Centuri* mit ihrem kleinen Fischerhafen im Sommer lebhafter Urlaubsbetrieb herrscht.

In der Nähe von *Pino* (Pinu) ㉔ ragt auf einem einsamen Felsen mit prachtvoller Aussicht der Turm einer Burgruine auf. Der Sage nach soll hier der römische Philosoph Seneca während der Verbannung (41–49 n. Chr.) sein Traktat über den Trost verfaßt haben. Tatsächlich gehören die Ruinen zu einer Burg der Familie Malaspina aus dem 15./16. Jahrhundert, die auf den Grundmauern eines älteren Bauwerks errichtet wurde.

Der viereckige Turm von *Nonza* ㉕ überragt den langen, schwarzen Strand mit auffallend türkisfarbenem Wasser: Strand und Meer bekamen ihre Farben vom Abraum des stillgelegten Asbesttagebaus von Canari, und Baden sollte man hier deshalb besser nicht.

Der Weg zum Strand führt an einer angeblich heilkräftigen Doppelquelle vorbei, die nach der Legende aus den abgeschlagenen Brüsten der Heiligen Julie entspringt. Ihr ist auch die Dorfkirche *Ste.-Julie* aus dem 16. Jahrhundert geweiht. Beachtenswert ist eine Intarsienarbeit (1693) aus Marmor über dem Barockaltar. Den *Wehrturm* auf dem Felssporn verteidigte der korsische Hauptmann Casella 1768 ganz allein gegen die Übermacht der genuesischen Truppen.

Cargèse (Carghjese) ㉖. Farbenfrohe Türen und Fensterläden in hellgetünchten Häusern inmitten blühender Gärten prägen das Bild dieses korsischen Dorfes, das 1676 gegründet wurde, als etwa 700 Griechen vor den Türken hierher flohen.

Cargèse liegt an der Westküste zwischen dem Capo Rosso und Capo di Feno. Das erste Dorf der Griechen, Paomina, wurde von den Korsen aus Rache zerstört, weil sich die Griechen mit Genua verbündet hatten. Die Franzosen verhalfen den Griechen 1774 zur Rückkehr und zum Neubau ihrer Siedlung. Von den Spannungen, die noch bis zum Anfang unseres Jahrhunderts zwischen korsischer und griechischstämmiger Bevölkerung herrschte, lassen die beiden sich gegenüberliegenden Kirchen nichts ahnen: Die weiße ist eine römisch-katholische und die andere, *Ste.-Marie*, eine «katholische Kirche griechischen Ritus'». Sie wurde von der griechischen Gemeinde zwischen 1852 und 1872 in Eigenleistung gebaut und enthält zahlreiche Ikonen, darunter eine Grablegung Christi aus dem 13. Jahrhundert und eine Darstellung von Johannes dem Täufer vom Berg Athos aus dem 16. Jahrhundert.

Castagniccia. Die grüne Berglandschaft im Nordwesten mit ihren Dörfern inmitten von Kastanienwäldern, Quellen, Barockkirchen und Klosterruinen war bis zum Anfang dieses Jahrhunderts die am dichtesten besiedelte Gegend Korsikas. Hier blühte das Handwerk, es gab zahlreiche Kastanienmühlen und hier lebten berühmte Sänger. Heute verfallen die Dörfer, und die einstige Kulturlandschaft versinkt im üppig wuchernden Grün von Efeu und Macchia.

Sehenswert ist die Kirche *Ste.-Marguerite* von *Carcheto* (Carchetu) ㉗ mit ihrem für die Gegend typischen unverputzten barocken Glockenturm aus Naturstein und der naiven Darstellung des Kreuzweges (1790).

Das *Kloster* von *Orezza* ㉘ war im 18. Jahrhundert wie auch die anderen Klöster in der Castagniccia ein Versammlungsort der Freiheitskämpfer um Pasquale Paoli und Zentrum der Unabhängigkeitsbewegung. Der Bau wurde im Zweiten Weltkrieg von deutschen Truppen zerstört, weil sie in den Gewölben ein Munitionsdepot vermuteten.

Im Tal sprudelt bei Rapaggio (Rapaghju) in einem kleinen Pavillon unter Platanen die stark eisenhaltige *Mineralquelle* von Orezza, deren Wasser auch in Flaschen abgefüllt wird.

Das Altargemälde «Anbetung der Hirten» in der barocken Pfarrkirche von *Campana* ㉙ wird der Schule des spanischen Malers Francisco de Zurbarán (1598–1664) zugeschrieben.

Durch jahrhundertealte Kastanienwälder geht es nach *La Porta* ㉚. Dieser Ort besitzt eine Barockkirche mit markantem Glockenturm von 1707 und einer berühmten italienischen Orgel aus dem 18. Jahrhundert.

Morosaglia (Merusaglia) ㉛. In dem Weiler Stretta wurde am 6. April 1725 Pasquale Paoli geboren. Sein Geburtshaus ist heute Museum und Gedenkstätte. 1991 wiedereröffnet, enthält es Kopien von Dokumenten und Briefen Paolis, seine Möbel, korsische Münzen, die er schlagen ließ, Kleidungsstücke und zwei Fahnen mit dem Mohrenkopf: Auf der einen trägt er die weiße Stirnbinde wie ein Verurteilter über den Augen, auf der zweiten wie ein Fürst um die Stirn gebunden.

Pasquale Paoli machte den Mohrenkopf zum Symbol der unabhängigen und selbständigen korsischen Nation. Hundert Jahre nach dem Tod des Nationalhelden in London wurde sein Sarg nach Morosaglia überführt und in der Grabkapelle neben dem Museum beigesetzt.

Korkeichen wachsen hauptsächlich bei Porto-Vecchio und Figari. Die Rinde, die bei der ersten Schälung – dazu muß der Baum etwa 20 Jahre alt sein – gewonnen wird, können nur Gerbereien verwenden. Erst der sich dann bildende sogenannte weibliche Kork kann zu Flaschenkorken und anderem verarbeitet werden.

Nächste Doppelseite: Der Reiz der Landschaft am Golf von Porto-Vecchio liegt im Wechsel von Felsenklippen und Sandstränden.

In Ajaccio, der «kaiserlichen Stadt», ist Napoleon, der hier geboren wurde, überall gegenwärtig. In einem der Cafés am Cours Napoléon kann man einen Espresso genießen, Zeitung lesen oder die Vorübergehenden beobachten.

Einen Einkaufsbummel über den Markt von Ajaccio sollte man unbedingt unternehmen. Hier brechen die Verkaufsstände vor kulinarischen Köstlichkeiten von der Insel fast zusammen.

Das Rathaus von Ajaccio. Schon Ferdinand Gregorovius glaubte 1852 von Ajaccio, daß ihr «keine andere Stadt gleichkommt». Heute ist sie die modernste und größte Stadt auf der Insel.

Nächste Doppelseite: Eine Aussicht wie von einem Adlerhorst: Von der Altstadt von Bonifacio aus trifft der Blick auf die Kreidefelsen im Südwesten.

Die unterschiedlichsten Strände, die der Besucher auf Korsika antrifft, machen ihrem Ruf als die Urlaubsinsel par excellence alle Ehre. Als Geheimtip für Surfer und Segler gilt der Plage d'Agosta.

Berühmt wegen ihres grün schimmernden Wassers ist der Plage de Ruppione. Hier finden Schnorchler und Tauchsportler hervorragende Bedingungen vor.

Badeleben ohne drangvolle Enge im Golf von Ajaccio an der Plage de Ruppione, wo hochgewachsene Bäume sogar ein wenig Schatten spenden.

Der Friedhof von Solenzara, das südlich der Mündung des gleichnamigen Flusses an der Ostküste liegt. Wie ihre mediterranen Nachbarn zelebrieren die Korsen Trauerfeiern mit großem Aufwand.

Das Kirchenfest in Ajaccio ist ein willkommener Anlaß zu einem Straßenmarkt. Neben nützlichen Dingen wird aber auch allerlei Krimskrams und Kitsch angeboten.

Sie sind die am häufigsten verkauften Devotionalien, die Kerzen, die Gläubige in den Kirchen im Mittelmeerraum als Bitt- und Dankgeschenke aufstellen.

Filitosa liegt im Südwesten Korsikas. Hier wurden die Reste einer torreanischen Siedlung entdeckt, außerdem befinden sich in Filitosa über die Hälfte aller auf Korsika gefundenen «Paladini», das sind Menhire aus der megalithischen Zeit.

Der Dolmen von Fontenaccia (links) stammt aus der megalithischen Epoche. Er befindet sich im Sartenais. Die Menhirstatue (rechts) gehört zur großen Fundstätte bei Filitosa. Hier wurde auch ein Zentralmonument der Torreaner (unten) freigelegt, das wahrscheinlich um 1400 v. Chr. enstanden ist.

Nächste Doppelseite: Sartène, Hauptstadt des Sartenais, liegt auf einem Bergrücken. Prosper Mérimée hat das noch heute mittelalterlich wirkende Sartène als «die korsischste Stadt Korsikas» bezeichnet.

Bonifacio ist die südlichste Stadt Korsikas. Sie ist wie eine kleine Halbinsel vom Meer umgeben, und ihr Hafen liegt in einer geschützten Bucht. Von hier legen die Fähren zur Nachbarinsel Sardinien ab.

Die frühromanische Kirche *Sta. Reparata* mit einem Tympanon aus dem 12. Jahrhundert und einem volkstümlichen Kreuzweg aus dem 18. Jahrhundert erinnert mit einer Gedenktafel an Clemens Paoli, den Bruder Pasquales. Er war Mönch und verließ seine Klosterzelle, um die korsischen Milizen im Kampf gegen die Genuesen anzuführen. Die benachbarte Schule soll von Pasquale Paoli selbst gegründet worden sein.

Alle Hoffnungen auf einen autonomen korsischen Staat zerschlugen sich einige Kilometer entfernt vom Geburtsort Paolis im Golotal bei *Ponte Nuovo* (Ponte Novu) ㉜. Hier wurden im Jahre 1769 die korsischen Milizen vom französischen Heer vernichtend geschlagen. Ein Kreuz mit Gedenktafel erinnert an diese Schlacht. Das Denkmal eines korsischen Bildhauers aus monumentalen Granitblöcken wurde kurz nach seiner Errichtung durch ein Attentat zerstört. Im Flußbett stehen noch die Pfeiler der alten Brücke.

Cauria ㉝ ist eine prähistorische Stätte im Süden der Insel mit zwei Menhirgruppen. Die 20 *Menhire* der *Stantari* stammen aus dem 2. Jahrtausend v. Chr. Die in Doppelreihe aufgestellten Menhire, die als torreanische Krieger gedeutet werden, erscheinen wie zur Schlacht angetreten. Die Statuen haben angedeutete Arme und Hände, und man kann Lendenschurz und Dolchschwert erkennen. Die Löcher an den Seiten der Köpfe könnten zur Befestigung von Hörnern gedient haben. In einem Eichengehölz, 400 Meter südlich, befindet sich die zweite Gruppe, das *Alignement von Renaggiu*, 46 kleinere, zum Teil umgestürzte Menhire. In der Nähe steht der *Dolmen von Fontanaccia*, das größte und am besten erhaltene Steinplattengrab Korsikas. Es besteht aus sechs vertikalen Granitplatten mit einer über drei Tonnen schweren Deckplatte, deren Anordnung nach dem Stand der Wintersonne ausgerichtet sein soll.

Mit der Sonne in Verbindung gebracht werden auch die 258 Menhire des einige Kilometer entfernten *Alignements* von *Palaggiu* ㉞, die zum größten Teil in Nord-Süd-Richtung weisen. Sie bilden die größte Ansammlung von Menhiren im Mittelmeerraum, und sie erinnern in ihrer Anordnung an ein steinernes Heer. Am Rande der Anlage fand man fünf Steinkistengräber, von denen eines erhalten ist.

Cervione (Cervioni) ㉟. Im ehemaligen *Bischofspalast* oberhalb der Ostküste am Rande der Castagniccia residierte der Westfale Theodor von Neuhoff im Jahre 1736 acht Monate lang als König von Korsika. Heute beherbergt der Palast das sehenswerte *Museum für Ethnographie, Archäologie und religiöse Kunst* mit einer umfangreichen Sammlung alter Gerätschaften, Werkstatt- und Hauseinrichtungen, die einen anschaulichen Einblick in das ländliche Leben Korsikas bis zum Zweiten Weltkrieg vermittelt. Neben der Residenz krönt eine mächtige Kuppel die barocke Kathedrale *Ste.-Marie*, erbaut im 16. Jahrhundert vom Bischof von Aleria, mit barockem Chorgestühl aus dem 17. Jahrhundert und mit einer Malerei im Innenraum, die auf optische Täuschung zielt.

Corte (Corti) ㊱. Obwohl es nur knapp 6000 Einwohner zählt, wirkt Corte mit seiner *Zitadelle* hoch über den Wildwassern von Tavignano und Restonica und den alten Bürgerhäusern zweifellos wie eine Stadt. Corte liegt mitten im gebirgigen Herzen der Insel, ist Sitz der korsischen Universität und war im 18. Jahrhundert 15 Jahre lang Hauptstadt der korsischen Nation mit Pasquale Paoli an der Spitze. Sein Denkmal, 1864 in Bronze gegossen, steht im Zentrum auf dem belebten *Place Paoli*. Einige Maultierstiegen bergan, in der Altstadt, erinnert der *Palazzu Naziunale* an den «Vater des Vaterlands»: Das ursprünglich genuesische Gebäude war von 1755 bis 1769 Regierungssitz Paolis. Hier gründete er 1765 auch die Universität, die von den Franzosen nach der Niederlage von Ponte Nuovu (1769) geschlossen und 1983 nach massiven Forderungen als Zugeständnis an die Korsen wiedereröffnet wurde. Heute beherbergt der Palazzu Naziunale das Institut für korsische Studien und eine Bibliothek. Im ehemaligen Gefängnis im Untergeschoß werden Kunstausstellungen veranstaltet.

Gegenüber erhebt sich auf einem 100 Meter hohen Felsen die einzige *Zitadelle* Korsikas, die nicht an der Küste steht. Begonnen im 9. Jahrhundert, im 14. Jahrhundert von Vincentello d'Istria erweitert, diente sie anfangs korsischen Feudalherren, dann den Genuesen und schließlich den Franzosen zur Festigung ihrer Macht. Die Könige Louis XV. und Louis XVI. erweiterten das Bollwerk, Bürgerkönig Louis Philippe ließ die Wohnhäuser und die Kapelle innerhalb der Mauern niederreißen. In die lichtlosen Kasematten im Inneren warfen die Franzosen politische Gefangene, später hielten italienische Faschisten dort korsische Patrioten gefangen. Von 1962 bis 1984 beherrschte die Fremdenlegion den Felsen. Heute werden die Gebäude renoviert und zum Teil von der Universität genutzt; ein Museum befindet sich im Aufbau. Aussichtspunkte sind der «Adlernest» genannte Ausguck der Zitadelle und die Plattform *Belvédère* auf einem vorgelagerten Felssporn.

Eine Inschrift am Haus Nr. 1 des benachbarten *Place du Poilu* besagt, daß hier 1768 Joseph Bonaparte, der ältere Bruder Napoleons, später König von Spanien, geboren wurde.

Zu größerem Ruhm in Korsika brachte es der Bewohner eines anderen Hauses unterhalb der Zitadelle: Giampietro Gaffori. Nach dem Freiheitshelden und Kämpfer gegen die Genuesenherrschaft ist der Place Gaffori in der Altstadt benannt. Sein Wohnhaus trägt noch immer die Einschüsse aus dem Jahre 1750. Damals verteidigten es seine Ehefrau Faustina zusammen mit einigen Nachbarn erfolgreich gegen die anstürmenden Genuesen. Diese mutige Tat ist auf einem Bronzerelief am Sockel des Gaffori-Denkmals verewigt. Die andere Tafel zeigt Faustina. Sie feuert ihre Landsleute an, die von den Genuesen besetzte Zitadelle zu stürmen, obwohl dort ihr kleiner Sohn als Geisel festgehalten wurde.

Die Pfarrkirche *Église de l'Annonciation* von 1450, erweitert im 17. Jahrhundert, bewahrt das Andenken an den 1676 in der Nachbarschaft geborenen Blaise Arrighi. Er war Franziskanermönch und wurde im Jahre 1930 von Papst Pius XI. als bisher einziger Korse heiliggesprochen. Die Kirche besitzt neben einer Wachsstatue von St.-Théophile die Kopie der Geburtsurkunde des Heiligen.

Zu beachten sind ferner die Kanzel, ein Kruzifix und eine weiße Madonna aus Marmor aus dem 17. Jahrhundert und der Altar aus Restonica-Marmor aus dem 19. Jahrhundert.

Restonica ㊲. Die Wildwasserschlucht zieht sich von Corte über 15 Kilometer durch Kiefern- und Kastanienwälder bis

zum 1000 Meter hoch gelegenen Hirtendorf *Bergerie de Grotelle*, dem Ausgangspunkt für Wanderungen zu den Karseen *Lac de Melo* und *Lac de Capitello*.

Evisa ㊳. Wanderwege führen von dem 840 Meter hoch gelegenen Dorf im Niolo durch die tief eingeschnittene *Speluncaschlucht* vorbei an der genuesischen Brücke Pont le Zaglia nach Ota und bergwärts durch die Kastanien- und Kiefernwälder des *Forêt d'Aitone*. Über die D 84 erreicht man den Paß **Col de Verghio** (1477 Meter) ㊴ mit Christusstatue aus Granit und weitem Blick über das Hochland Niolo mit der Talsperre von Calacuccia. Die Station de Verghio ist ein beliebtes Wintersportgebiet mit Skilift.

Filitosa ㊵. 20 *Menhire*, darunter der drei Meter hohe und zwei Tonnen schwere «Filitosa V» mit stilisiertem Langschwert und Dolch, gehören zur bedeutendsten prähistorischen Stätte im Südwesten der Insel. Bereits vor 8000 Jahren war der Ort besiedelt, aus dem 6. vorchristlichen Jahrtausend stammen Spuren von Menschen, die sich in den Hohlräumen der wuchtigen Felsbrocken Behausungen schufen.

Die ältesten Menhire aus der korsischen Steinzeit sind waffenlos. Diese übermannshohen Gestalten aus Granit mit menschlichen Gesichtern stehen am Ende des Plateaus über dem Tal des Tavignano. Sie wurden von den «Torreaner» genannten Eroberern, die um 1300 v. Chr. eindrangen, zum Teil zerstört und als Baumaterial für einen gewaltigen Turm aus Zyklopenmauerwerk verwendet, dessen Grundmauern als «Zentralmonument» das Plateau beherrschen. Danach entstanden die Menhire mit stilisierten Waffen, vermutlich als Abbilder der schrecklichen Feinde. Fünf von ihnen befinden sich unterhalb des Plateaus auf einer Wiese.

Das archäologische Museum *Centre de documentation archéologique* zeigt Waffen, Schmuck und Keramiken aus der Bronze- und Eisenzeit – alles Stücke, die bei Grabungen auf dem Gelände gefunden wurden. Ferner gibt es im Museum Informationen über die Siedlungsgeschichte von der Steinzeit bis zum Mittelalter, steinerne Getreidemühlen und restaurierte Menhirstatuen mit rippenartigem Brustharnisch, Schultergehänge und Vertiefungen an den Seiten des Kopfes, in die als Symbol des Helmschmucks Hörner gesteckt werden konnten.

Fozzano (Fuzzà) ㊶ liegt nördlich von Sartène, im Süden Korsikas. Befestigte *Wohntürme* aus dem Mittelalter aus glatten Granitquadern mit Schießscharten und «Pechnasen», um siedendes Öl auszuschütten, erinnern an die Zeit, als in Korsika Tausende von Menschen der Blutrache zum Opfer fielen und die Mörder als vogelfreie «Banditen der Ehre» in die Macchia fliehen mußten. In einem der Türme machte der Schriftsteller Prosper Mérimée (1803–1870) die Bekanntschaft von Colomba Carabelli, die ihre männlichen Verwandten zur Blutrache anstachelte und damit in den Tod trieb. Sie wurde Vorbild für Mérimées Roman «Colomba» (1840).

Auf dem Weg nach Fozzano liegt an der D 268 die genuesische Brücke *Spin'a Cavallu* ㊷ aus dem 13. Jahrhundert.

Girolata ㊸. In das kleine Dorf am gleichnamigen Golf an der Westküste führt keine Straße. Es ist nur zu Fuß oder mit dem

Die Ruinen des barocken Klosters von Orezza in der Castagniccia. Am 6. Januar 1735 wurde auf einer Volksversammlung in Orezza die Unabhängigkeit Korsikas verkündet, woraufhin die Genuesen eine Blockade der Insel verfügten.

Im Tal der Restonica bei Corte. Dieser kristallklare Gebirgsfluß entspringt in der Nähe des Monte Rotondo und mündet bei Corte in den Tavignano.

Das kleine Winzerdorf Patrimonio liegt im Nebbio, einer Region südwestlich von Bastia. Mitten im Ort erhebt sich die Pfarrkirche aus dem 16. Jahrhundert.

Schiff zu erreichen. Gianetto Doria, ein Neffe des berühmten Andrea Doria, schlug hier in einer Seeschlacht den türkischen Admiral Dragut und verteidigte die genuesische *Zitadelle* aus dem 16. Jahrhundert erfolgreich. Girolata liegt am Rande des *Naturschutzgebietes La Scandola*, das zum Naturpark gehört. In den bizarren Felsformationen brüten die seltenen Seeadler und andere Seevögel. Geschützt ist auch die Fauna und Flora unter dem Wasser. Interessierte Besucher dürfen sich den wilden Klippen und Buchten nur mit einem der Ausflugsboote, die von Calvi (siehe Seite 124) und Porto (siehe Seite 147) starten, in respektvollem Abstand nähern.

L'Ile Rousse (Isula Rossa) ㊹. Pasquale Paoli gründete die Stadt 1758 und gab ihr den italienischen Namen, denn der Hafen von Calvi war damals fest in der Hand der Genuesen. Seinen Namen verdankt das älteste Seebad im Norden Korsikas den roten Felsen der Halbinsel La Pietra, die mit ihrem Leuchtturm die Hafeneinfahrt schützt. Lebhaftes Zentrum und Treffpunkt ist der *Place Paoli* mit der Büste des Stadtgründers und mehreren Cafés unter Platanen. Gegenüber breiten Fischer und Bauern unter den Säulen der Markthalle ihre Produkte aus. Einen Einblick in die Unterwasserwelt vermittelt das *Seewasseraquarium* am Ende der Strandpromenade.

Levie (Livia) ㊺ liegt nördlich zwischen Sartène und Porto-Vecchio. Einen anschaulichen Überblick über die 3000jährige Besiedelungsgeschichte der benachbarten Stätten Cucuruzzu und Capula bietet das *Musée Archéologique* mit Mahlsteinen, Waffen aus der Bronzezeit und Schmuck und Werkzeugen aus der Eisenzeit. In einem gläsernen Sarg ruht hier das rund 8500 Jahre alte Skelett der berühmten «Dame von Bonifacio». Die Ockerfarbe auf den Gebeinen wird als Farbsymbol für Blut und Leben gedeutet und läßt auf einen Totenkult schließen. Die meisten Ausstellungsstücke des Museums stammen aus dem *Castello di Cucuruzzu* ㊻, das einige Kilometer entfernt auf einem 900 Meter hohen Plateau hoch über dem Tal des Rizzanese liegt. Von dort reicht der Blick bis zu den Zacken der Bavellagruppe. Das Castello ist über einen Fußpfad zu erreichen. Der bis fünf Meter dicke Steinwall gehörte zu einer Festung aus tonnenschweren Felsblöcken, die von den Torreanern im 9. bis 4. Jahrhundert v. Chr. mit Wehrgängen, Gewölben, Kasematten und Schießscharten errichtet wurde und deren Konstruktion zum Teil noch zu erkennen ist. Eine Plattform krönt die Anlage, ein Gewölbe im östlichen Bereich diente wahrscheinlich als Verbrennungs- und Totenkultstätte. Im Westen befanden sich Werkstätten, wie sich aus den Funden schließen läßt. Unterhalb der Festung breiteten sich die Hütten des torreanischen Dorfes aus.

Ein Waldweg führt von Cucuruzzu zum *Castello di Capula*, dessen Mauern die natürliche Felsbastion ergänzen. An ihrem Fuß zeugt eine geborstene Menhirstatue mit Schwert davon, daß die Stätte schon seit dem 2. Jahrtausend vor Christus bewohnt war. Zuletzt diente sie den Feudalherren des Mittelalters als Festung. Sie errichteten ihre Burg auf den Mauern aus der Bronze- und Eisenzeit. Der als Rampe angelegte Zugang sollte es ihnen vermutlich ermöglichen, bis ins Innere der Anlage zu reiten. Funde von Nägeln lassen darauf schließen, das große Teile der Burg aus Holzbauten bestanden.

Mariana ㊼. Nur die Reste eines Bades, Mosaiken und Grundmauern einer Therme künden von der römischen Siedlung an der Mündung des Golo. Sie wurde im 5. Jahrhundert von den Wandalen und Langobarden zerstört und im 9. Jahrhundert wegen der ständigen Überfälle von Sarazenen ganz aufgegeben und von Ablagerungen des Flusses zugedeckt.

Die Kathedrale des ehemaligen Erzbistums Mariana, *Sta. Maria Assunta*, auch bekannt als «La Canonica», aus dem 12. Jahrhundert gilt mit ihrem polychromen Mauerwerk aus Steinplatten und Blöcken unterschiedlicher Größe und ihren harmonischen Proportionen als eine der schönsten romanisch-pisanischen Kirchen Korsikas. Ein Fries mit Jagdszenen schmückt die Westfassade mit dem Haupteingang. Südlich der Kirche wurde unter den Fundamenten des Bischofspalastes aus dem 12. Jahrhundert das Fundament einer frühchristlichen Basilika aus dem 4. Jahrhundert entdeckt. Seitlich davon liegt das kleine Baptisterium. Mosaiken mit christlichen Symbolen bilden den Boden des Taufbeckens.

Etwa 300 Meter von der Kathedrale entfernt steht die Kirche *San Parteo*, die im 11. Jahrhundert auf den Grundmauern einer Basilika aus dem 5. Jahrhundert errichtet wurde. Flachreliefs zieren die Türstürze des Westeinganges. Im 8. Jahrhundert sollen die Reliquien des Heiligen wegen der Sarazenenüberfälle von hier nach Noli in Ligurien gebracht worden sein.

Murato (Muratu) ㊽ liegt im Nebbio, im Norden der Insel. Die anmutige romanisch-pisanische Kirche *San Michele* aus dem 12. Jahrhundert auf einem Hügel einen Kilometer nordöstlich des Dorfes besticht durch das Wechselspiel von horizontalen Bändern aus grünem Serpentin und weißem Kalkstein im polychromen Mauerwerk. Bemerkenswert ist der Phantasiereichtum, mit dem die Skulpturen und Reliefs an der Fassade von San Michele gestaltet sind. Bei einer Renovierung im 19. Jahrhundert wurde der vorgesetzte Glockenturm erhöht. Die Kirche ist der steingewordene Ausdruck einer der wenigen friedlichen Epochen in der korsischen Geschichte.

Patrimonio (Patrimoniu) ㊾. Das Winzerdorf im Nebbio liegt geschützt in einem fruchtbaren Talkessel mit Kalkböden zwischen Bergen und Meer. Uralte Pressen vor den Weinkellern lassen ahnen, daß hier schon seit über 2000 Jahren Reben angebaut und geerntet werden. Auf einem Weinfeld wurde hier der einzige korsische *Menhir* aus Kalkstein gefunden, der nun in einer kleinen Anlage in der Nähe der Kirche St.-Martin steht. Diese ungefähr 3000 Jahre alte Steinplastik mit ausgearbeitetem Kinn, Ohren und Schultern wird als Zeugnis für die Flucht der Megalithiker nach Norden gewertet.

Oberhalb von Patrimonio liegt der 536 Meter hohe Paß des *Col de Teghime* ㊿ mit Aussicht auf die Landschaft des Nebbio bis zum Cap Corse und zur Balagne im Westen und im Osten über die Küstenebene mit ihren Lagunen. Bei klarem Wetter kann man sogar das italienische Festland sehen.

Porto ㊿①. Ursprünglich nur ein Fischerhafen des etwas höher gelegenen Dorfes Ota, ist Porto heute mit seinem Wahrzeichen, dem viereckigen pisanischen *Wachturm* über der Mün-

Der Golf von Porto – eine der reizvollsten Strandlandschaften der Insel.

dung des Porto, Touristenzentrum an der Nordwestküste mit vielen Hotels und Restaurants. Berühmt und dazu von der UNESCO als «Naturdenkmal der Menschheit» klassifiziert, sind vor allem die zerklüfteten roten Felsen der Umgebung, die mit den grünen Pinienwäldern, dem Bunt der üppigen Macchia und dem tiefblauen Golf einen reizvollen Farbkontrast bilden. Im Calanche genannten Küstenabschnitt zwischen Porto und Piana erheben sich bizarr geformte Felsengebilde aus verwittertem Granit 300 Meter hoch aus dem Meer. Diese Tafonifelsen sind versteinerte Naturwunder, geformt von Salz, Sonne und Wind, die die Phantasie beflügeln, in ihnen Fabeltiere und Sagengestalten zu sehen. Wanderpfade und die Straße D 81 führen mitten durch das Felsengewirr.

Porto-Vecchio (Porti Vechju) ⑤². Griechen aus Syrakus gründeten 883 v. Chr. die erste Siedlung auf dem 70 Meter hohen Hügel aus rosa Porphyr über der verzweigten Mündung des Stabiaccio im Süden der Ostküste. Genuesen bauten ab 1539 die heute noch teilweise erhaltene Festungsmauer. Vor allem wegen der weißen Sandstrände in den felsenumrahmten Buchten der Umgebung ist Porto-Vecchio ein beliebtes und im Sommer stark frequentiertes Urlaubszentrum mit einem Jacht- und kleinen Handelshafen. In den Korkeichenhainen der Umgebung wird die Rinde der Bäume für den Export geerntet. In flachen Becken unterhalb der Stadt gewinnt man Meersalz.

Saint-Florent (San Fiurenzu) ⑤³. Schon die Römer trieben von dem strategisch bedeutsamen Platz im Norden und dem früher viel weiter ins Land reichenden Hafen aus Handel. Pisaner bauten die Stadt Nebbio, die gleichzeitig Bischofssitz der gleichnamigen Diözese war. Von ihr blieb nur die im 12. Jahrhundert erbaute ehemalige Kathedrale *Sta. Maria Assunta* stehen, als die Sarazenen die Stadt im 13. Jahrhundert überfielen. Sie gehört zu den bedeutenden romanischen Baudenkmälern der Insel. Blendarkaden und Skulpturen schmücken die Fassade aus feinkörnigem weißem Kalkstein. Kapitelle im dreischiffigen Inneren sind ebenfalls mit Skulpturen verziert. Die Holzplastik in der Apsis stellt den Namenspatron des Ortes, den Heiligen Florus, dar, einen römischen Soldaten, der im 3. Jahrhundert zu Tode gemartert wurde. Seine Reliquien, die 1771 nach Saint-Florent gebracht wurden, befinden sich in einem gläsernen Schrein im südlichen Seitenschiff. Die Jungfrau mit Kind aus weißem Elfenbein darüber ist ein Geschenk von Giovanni Girolamo Doria von 1691.
Als Stützpunkt einer Kriegs- und Handelsflotte gründeten die Genuesen an Stelle der landeinwärts gelegenen zerstörten pisanischen Siedlung im 15. Jahrhundert die Stadt Saint-Florent an ihrem heutigen Platz, der damals noch sumpfigen und von der Malaria verseuchten Mündung des Aliso. Aus der Zeit der Genuesen ist die kleine *Zitadelle* erhalten, die heute den betriebsamen Fischer- und Jachthafen überragt.

Sartène (Sartè) ⑤⁴. Mit fugenlosen, sieben- und achtstöckigen Häusern aus Granitquadern erhebt sich die mittelalterliche Stadt im Südwesten auf einem Felsen über dem Tal des Rizzanese mit Resten der Befestigungsmauer und einem kleinen

Bei Sartène. Hier befindet sich auch das größte Weinanbaugebiet der Insel.

Dichtes, immergrünes Gebüsch, Lorbeer, Lianen und Hartlaubgehölz bedecken weite Teile Korsikas. Oberhalb von 800 Metern geht die Macchia allmählich in Wälder über. Theobald Fischer (erster Text), der die Mittelmeerinsel Ende des 19. Jahrhunderts bereiste, und Wilhelm-Otto Riedemann, der in den dreißiger Jahren dieses Jahrhunderts über Korsika schrieb (zweiter Text), waren fasziniert von der wilden Schönheit der korsischen Landschaft.

LANDSCHAFTS-IMPRESSIONEN

DIE MACCHIA

Gemildert wird der gebirgige Charakter der Insel durch das üppige, immergrüne Pflanzenkleid, in welches das milde, schung aus Blüten und Blättern ist aromatisch, und besonders im Frühling, wo das Blühen monatelang andauert, erscheint die Insel wie in Blütenduft gehüllt, den der Wind vom Lande her wie von tropischen Inseln nicht selten dem Ankömmling entgegenträgt.

Der Korse liebt den Duft seiner Macchia über alles, wie auch Napoleon noch auf St. Helena wehmütig diese Eigenart seiner Heimatinsel pries. [...]

gen, der sich dem Arm des Gesetzes entziehen will.

KORSISCHE BÄUME

Bäume wachsen die Hänge hinauf. Oliven gibt es, Eichen und Ulmen. Größere Ortschaften schieben helle Häuserreihen übereinander. Aus einem Teppich weißer Narzissen heben sich silbergraue Stämme. Eine Kapelle wird von dunklen Koniferen umfaßt. Herden schwarzer und weißer Bergschafe ziehen die Hügel hinauf.

Eine große Palme steht vor einem gelben Haus, und in blauer Ferne leuchtet das Meer.

Majestätisch: Das Felsmassiv der Bavellagruppe (oben). Im Winter gibt es im Gebirge sogar Schnee (rechts). Ungeschälte Korkcheichen (unten).

niederschlagsreiche Klima den größeren Theil derselben bis zu etwa achthundert bis tausend Meter empor hüllen und unter welchem die wilden Felsformen meist verschwinden. [...]

Man kann so Korsika wohl eine immergrüne Insel nennen. Diese Macchien, je nach Boden und Feuchtigkeit bald übermannshoch und vielfach von Schlingpflanzen undurchdringlich umrankt, bald niedrig und von vereinzelten Sträuchern gebildet, kennzeichnen Korsika ganz besonders. Diese Mi-

Dem Korsen dienen die Macchien als Brennholz und als Weidegründe für seine Ziegen, und unzertrennlich ist mit denselben das Banditenwesen verbunden. «É andato nella macchia», «er ist in die Macchia gegangen», [der Begriff «er ist in die Macchia gegangen» erweiterte sich zur Zeit der Résistance während des Naziregimes in Frankreich und bedeutet ganz allgemein die Zugehörigkeit zu den antifaschistischen Widerstandsgruppen] ist der oft gehörte landesübliche Ausdruck für denjeni-

Immer höher steigt der Weg, schon überschaut man die beiden Seiten der Insel.

Drohender werden die Berge. Sie drängen sich heran und stoßen trotzige Linien ins Wasser.

Vorsichtig windet sich der Weg einige hundert Meter über dem Meer. Wieder springen helle Ortschaften aus dem Dunkel des Bodens.

Alte Grabmale schlafen in der Sonne. Hohe Zypressen brennen ihr ernstes Licht.

Nahezu alpine Landschaften beherrschen das Innere der Insel. In der Nähe von Corte finden Bergwanderer um Vizzavona nahezu ideale Bedingungen vor.

Eng aneinandergedrängt schieben sich die Häuser von Olmo den Hang hinauf. Dieser kleine Ort liegt in der Casinca, der Landschaft, die sich im Osten der Castagniccia erstreckt.

Wachturm der Burganlage aus dem 12. Jahrhundert. Besonders das alte Stadtviertel *Manighedda* mit seinen lichtlosen Gassen, Torbögen, dicken Mauern und festungsartigen Häusern hat sich äußerlich kaum verändert seit der Zeit, als die schlimmsten Blutrachefehden auf der Insel Sartène den Beinamen «Hauptstadt der Vendetta» eintrugen.

Mächtige Feudalherren trotzten in den Mauern den Einfällen von Seeräubern und denen der Genuesen. Diese Großgrundbesitzer, die 99 Prozent des Bodens unter sich aufgeteilt hatten, behandelten noch bis zum Ersten Weltkrieg die Hirten und Bauern wie rechtlose Sklaven.

Auf dem *Place Porta*, dem Zentrum, waren die Herren unter sich, wenn sie die Geschicke der Stadt bestimmten, und sie hatten sogar ihren eigenen Gehweg, den das «niedere Volk» nicht betreten durfte. Heute ist der Place Porta Treffpunkt für Schulkinder, Hausfrauen, Rentner, Nordafrikaner und Touristen; vormittags wird hier Markt abgehalten.

Mehrere Blutrachefehden wurden in der Pfarrkirche *Ste.-Marie* aus dem 18. Jahrhundert durch amtlich angeordnete Friedensschlüsse zwischen den verfeindeten Familien beendet. Hier werden das Holzkreuz und die 14 Kilogramm schwere Fußkette des Catenacciu aufbewahrt.

Die Prozession des anonymen Büßers am Abend des Karfreitags nimmt in Ste.-Marie ihren Ausgang: Den Kopf mit einer Kapuze verhüllt, die nackten Füße in Ketten, trägt er das Kreuz, begleitet von den Totenbrüdern und einem weißgekleideten Helfer, durch die Stadt. Nur die Geistlichen kennen die Identität des Büßers. Der Brauch wurde 1419 von spanischen Eroberern eingeführt und ist bis heute erhalten geblieben.

Das Museum in der Oberstadt, *Centre de la Préhistoire Corse*, vermittelt mit seiner Sammlung von Waffen, Werkzeugen, Keramiken, Skeletten und Menhirstatuen einen Überblick über die Vor- und Frühgeschichte Korsikas vom 8. Jahrtausend v. Chr. bis zum 6. Jahrhundert v. Chr.

Sartène steht in enger Verbindung mit dem Hafen und Touristenzentrum *Propriano* ⑤⑤, dem kaum noch anzusehen ist, daß es ursprünglich einmal ein kleiner Fischerhafen war.

Vizzavona ⑤⑥. Mit 1161 Metern ist der *Col de Vizzavona* der höchste Punkt, den man bei einer Inselüberquerung von Bastia nach Ajaccio passiert. Die korsische Eisenbahn verbindet die beiden Städte miteinander, und sie erklimmt auf ihrem Weg über die Berge mit 906 Meter ihren höchsten Haltepunkt. Vizzavona ist ein idealer Ausgangspunkt für Wanderungen durch die Buchen- und Laricio-Kiefernwälder.

Zonza ⑤⑦. Das Bergdorf im Südosten der Insel ist Stützpunkt von Bergsteigern und Wanderern für Touren durch das Bavellamassiv, dessen Berge sich bis zu 2000 Meter erheben. Die hohen zerklüfteten Felstürme und Nadeln werden auch «korsische Dolomiten» genannt.

Die D 268 führt zur 1218 Meter hohen Paßhöhe *Col de Bavella* ⑤⑧. Von dort oben hat man einen Weitblick über das Tal des Rizzanese bis hin zum Golf von Valinco im Westen und bis zum Meer an der Ostküste. Von dem hier ständig wehenden Westwind ganz gebeugt sind die Wetterkiefern, die um die Marienstatue *Notre-Dame-des-Neiges* auf einem kleinen Hügel aus Felsbrocken mit Votivtafeln wachsen.

An der D 80, die hier zur Höhenstraße wird, liegt Morsiglia. Dieser Ort ist geprägt von den viereckigen, wehrhaft wirkenden Wohntürmen.

Einmal rund um Korsika

In *Bastia* (siehe Seite 120) der alten Bastei der Genuesen, machen die meisten Besucher erste Bekanntschaft mit Korsika. Deshalb beginnt hier auch die Inselrundfahrt. Ein Stadtbummel führt über den Place St.-Nicolas zum Markt, durch das Fischerviertel am Alten Hafen und zu Zitadelle und Altstadt.

Folgt man der Route Nationale 193, vorbei am Étang de Biguglia und dem Flughafen Poretta durch die Gemüse- und Weinfelder der Ostküstenebene nach Süden, dann lohnt sich von Casamozza ein Abstecher nach Mariana zur romanisch-pisanischen Kirche *La Canonica* (siehe Seite 147).

Danach führt die Nationalstraße immer die Ostküste entlang. Das fruchtbare Schwemmland war ursprünglich Winterweide für die Schafe der Casinca und Castagniccia, und wegen der Malaria dünn besiedelt, bis sie 1945 durch den Einsatz von DDT ausgerottet wurde. Überall führen Stichstraßen zu Feriendörfern und langen Sandstränden mit Bademöglichkeiten, zum Beispiel in *Folelli, Moriani-Plage, Prunete*.

Hinter dem kleinen Dorf Cateraggio zweigt eine Zufahrt nach rechts ab. Sie führt zu einem Hügel über dem Tavignanofluß mit den Ausgrabungen der römischen Stadt *Aleria* (siehe Seite 118) und dem Fort Matra mit einem Museum. Links von der Nationalstraße gelangt man zu den Lagunen, deren größte in diesem Küstenabschnitt *Étang de Diane* und *Étang d'Urbino* sind. Von diesen Zentren der Fisch-, Austern- und Muschelzucht aus beliefern Kühlwagen die ganze Insel.

Rechts und links der Straße wird Wein angebaut, hauptsächlich in großflächiger Monokultur. Große Teile des Landes wurden in den sechziger Jahren zu günstigen Bedingungen an repatriierte Franzosen aus Algerien vergeben, was für erheblichen sozialen und politischen Sprengstoff sorgte.

Bei Solenzara wird die Küste buchtiger, und Pinienwälder reichen bis ans Meer. Deshalb ist dieser Abschnitt besonders für den Tourismus erschlossen worden, wie auch *Porto-Vecchio* (siehe Seite 143) mit seinen zahlreichen schönen Stränden in der Umgebung. Lohnend ist ein Abstecher zu den Felsentürmen des *Col de Bavella* (siehe Seite 152).

Die südlichste Stadt Korsikas ist *Bonifacio* (siehe Seite 123), deren Altstadt mit ihrer wuchtigen Genuesenfestung eindrucksvoll auf schneeweißen, 60 Meter hohen Kalksteinklippen gebaut ist, die weit ins Meer vorspringen. Sardinien liegt von hier nur einen Katzensprung entfernt und ist im Sommer mit kleinen Fährschiffen zu erreichen.

Von Felsen umrahmte, manchmal tief eingeschnittene Buchten, Halbinseln, die zur Genuesenzeit von Wachtürmen gesichert waren, unwegsame Steilküsten und kleine Sandstrände prägen den Charakter der Westküste. Ihrem Verlauf folgt die N 196 durch das Weinbaugebiet von Figari unterhalb des markanten Berges Omu di Cagna, der mit seinem seltsam geformten «Wackelstein» das Wahrzeichen der Gegend ist.

Von der mittelalterlich anmutenden Stadt *Sartène* (siehe Seite 148) aus führt ein Abstecher zu den Menhiren von *Cauria* und *Palaggiu* (siehe Seite 143) und ein weiterer Ausflug durch die Landschaft Alta Rocca nach *Cucuruzzu, Capula* und *Levie* (siehe Seite 145).

Folgt man von Sartène aus dem Küstenverlauf weiter in nördlicher Richtung, dann erreicht man über den Badeort

Häuser in Alta Rocca. Dieses Örtchen im Süden liegt in dem Gebiet Korsikas, das am frühesten besiedelt wurde. Hier hat man unzählige Zeugnisse aus prähistorischer Zeit ausgegraben.

Einst von Pasquale Paoli ausgebaut, ist Centuri-Port der einzige Naturhafen an der häufig stürmischen Westküste des Cap Corse. Centuri-Port ist einer der malerischsten Fischerorte auf dem Cap.

Propriano die bedeutendste prähistorische Stätte auf der Insel, *Filitosa* (siehe Seite 144).

Entweder über die D 55 an der Küste entlang oder über die N 196 geht es durch die Landschaft Ornano und ihre Dörfer mit Granithäusern, die zum Teil noch aus dem Mittelalter stammen, weiter nach *Ajaccio* (siehe Seite 117).

Ein Bummel durch Ajaccio, die Hauptstadt Südkorsikas und Geburtsstadt Napoleons, steht ganz im Zeichen des Kaisers. Außer einem Fischer- und Jachthafen besitzt Ajaccio auch ein großes Hafenbecken für die Fähren zum Festland.

Der Golf von *Sagone*, den die Straße auf der Fahrt weiter nach Norden berührt, ist bekannt für seine schönen Strände. Die hellen Häuser der «Griechenstadt» *Cargèse* (siehe Seite 126) am nördlichen Ende der Bucht bilden einen Kontrast zum tiefblauen Meer und zu den Farben der felsigen Landzungen und Ausläufern der Berge, die den Golf umrahmen.

Mitten durch die bizarren Felsformationen der Calanche, die sich in allen Rottönen zwischen Purpur und zartem Violett ins Meer stürzen und als himmelhohe Zacken und Türme aufragen, windet sich in engen Kurven die Straße nach *Porto* (siehe Seite 147), dessen viereckiger alter Wachturm den gleichnamigen Golf beherrscht. Von hier aus führt ein Abstecher über *Evisa* (siehe Seite 144) durch den Wald von Aitone zum *Col de Verghio* (siehe Seite 144).

Nach unzähligen Kurven erreicht man über die D 81 bei Galéria wieder das Meer. Ein Genuesenturm bewacht den langen, dunklen Strand und das Naturschutzgebiet an der Fangomündung. Der Fango entspringt im Massiv der Paglia Orba (2525 Meter), das auch als «schönstes Gebirge Korsikas» bezeichnet wird und zusammen mit dem Capo Tafunato und der Punta Minuta vom Strand aus zu sehen ist.

Die fünfbogige alte Brücke über den Fango führt weiter nach *Argentella*. Pläne der französischen Regierung, in dem stillgelegten Bergwerk unterirdische Atomexplosionen durchzuführen und dort Atommüll zu deponieren, scheiterten glücklicherweise am Widerstand der korsischen Bevölkerung.

Die genuesische Zitadelle von *Calvi* (siehe Seite 124) ist schon von weitem zu sehen. Sie dominiert die Stadt und die Bucht, die beide während des gesamten Sommers fest im Besitz der Urlauber sind.

Schöne Strände wie der von Algajola mit einer kleinen Zitadelle oder von Lozari reihen sich zwischen Calvi und *L'Ile Rousse* (siehe Seite 145) aneinander. Auch eine Fahrt durch die Dörfer der *Balagne* (siehe Seite 119f.) hoch auf den Bergen über dem Meer, bietet eine reizvolle Alternative zur Küste.

Der Ort *Saint-Florent* (siehe Seite 148) mit seiner kleinen Zitadelle und seinem beliebten Jachthafen bildet einen idyllischen Kontrapunkt zu der Fahrt durch die trockene Steinwüste der *Désert des Agriates*.

Rund um die im Norden weit vorspringende, schmale Halbinsel des *Cap Corse* mit ihren Dörfern (siehe Seite 124 f.) hoch über der zerklüfteten Westküste und den kleinen Fischerhäfen am Meer führt die Fahrt nach *Barcaggio*, der nördlichen Spitze Korsikas mit Blick auf die kleine Insel *La Giraglia*. An der sanfteren Ostküste des Caps entlang kehrt man schließlich zurück nach Bastia. Doch sollte man die Insel nicht verlassen, ohne der alten Hauptstadt *Corte* (siehe Seite 143) im gebirgigen Herzen Korsikas einen Besuch abzustatten.

Register

Kursive Ziffern verweisen auf Abbildungen

Personenregister

Alfons V. von Aragon, König 83, 123
Arrighi, Blaise 143

Barbagelata 124
Bonaparte, Joseph 143
Bonaparte, Napoleon 33, *35*, 62, 67, 114, 117, 118, 121, 123, 130, 150
Bourde, Paul 34, 88

Carabelli, Colomba 144
Casalonga, Toni 119
Casella, Hauptmann 126
Colonna, Ugo 62
Corso, Sampiero *62*, 62

Daudet, Alphonse 61
Delacroix, Eugène 118
Doria, Gianetto 145
Doria, Giovanni Girolamo 148
Dumas, Alexandre 34

Fesch, Kardinal Joseph 118
Fischer, Theobald 150
Flender, Walther 66
Franchi, Lucien 34
Friedrich II. von Preußen 64

Gaffori, Gianpietro *93*, 143
Giacobbi, François 35
Giafferi, Luigi 16
Gregor VII., Papst 62
Gregorovius, Ferdinand 59, 65, 68, 78, 87, 131

Heuss, Theodor 65

Kolumbus, Christoph 124
Komma, Lotte 61

Malaspina, Andrea 120
Maupassant, Guy de 69, 112
Mérimée, Prosper 28, 60, *139*, 144
Meyer, Conrad Ferdinand 96
Mora, Banditin 66

Muracciole, Madeleine-Rose 87
Murillo, Bartolomé Esteban 122
Mussolini 62, 122

Neuhoff, Theodor von 16, *62*, 62, 66, 143

Paoli, Clemens 143
Paoli, Giacinto 16
Paoli, Pasquale 16, 33, 47, 55, *62*, 62, 68, 100, 126, 143, 145, 154
Perugino 126
Pippin der Kurze 62

Riedemann, Wilhelm-Otto 150
Roccaserra, Jean-Paul 35

Savelli, Kardinal 120
Scamaroni, Fred 41
Seneca 59, 126

Valery, Paul 124
Vincentello d'Istria 143
Voltaire 65

Zurbarán, Francisco de 126

Orts- und Sachregister

Abwanderung 35, 37, 95, 114, 115
Aguilles de Bavella 77
Aguilles de Poplasca *72/73*
Ajaccio 33, 38, 39, 62, 66, 67, *69*, 92, 96, 113, 114, 115, 116, *117*, 117f., 121, *130/131*, *137*, 154
Aleria *54*, 62, *118*, 118f., 153
Algajola 154
Algerienfranzosen 38, 39, 62, 119, 153
Alignement von Renaggiu 143
Alta Rocca 114, *153*, 153
Aregno 119
Argentella 154
Asco *63*

Balagne 38, *41, 102/103, 106/107, 108*, 114, 116, 119f., 121, 124, 147, 154
Banditen 14, *66*, 68, 69, 144, 150
Barbicaglia 61
Barcaggio *22*, 154
Bastia *17, 24/25, 29, 30/31*, 35, 38, 39, 41, 59f., *88*, 92, 94, 113, 114, 115, 120, 120, 121, *122*, 122, 123, 126, 153
Bavellamassiv 150, 152
Belgodère *106/107*, 120
Bergerie de Grotelle *15*, 144
Bevölkerung 35, 37f., 39, 41, 114
Biguglia 60
Blida 61
Bonifacio 14, 69, 70, 113, 123, *125, 132/133, 142*, 153
Bozio 113
Brauchtum *29*, 37, 121, 152

Calacuccia 113, 124, 144
Calanche *112*, 148, 154
Calenzana 119
Calvi *1*, 67, 68, *98/99*, *101*, 121, 124, 145, 154
Campana 126
Canari *26*, 27
Cap Corse 11, 16, *95*, 113, 116, 121, 124, 126, 147, 154
Capo Pertusato 113, 123
Capo Tafunato 154
Capula 145, 153
Carcheto 126
Cargèse *68*, 126, 154
Casamaccioli 121
Casamozza 153
Casinca *43, 44/45, 56/57*, 113, 152, 153
Castagniccia 16, *50*, 55, *58*, 113, 114, 126, 143, 144, 153
Cateraggio 153

Cauria 143, 153
Centuri 126
Centuri-Port *32*, 154
Cervione 143
Clanwesen 35, 65
Col de Bavella *76/77*, 83, 152, 153
Col de Prato 46
Col de Teghime 147
Col de Verghio 144, 154
Col de Vizzavona 152
Corbara 120
Corte *6/7*, 16, *80/81, 82/83, 93*, 113, 115, 143, 151, 154
Couvent d'Orezza 55
Couvent de Corbara 120
Cucuruzzu 145, 153

Désèrt des Agriates 113, 154
Dolmen von Fontenaccia *139*, 143

Erbalunga *124*, 126
Erster Weltkrieg 62
Étang d'Urbino 153
Étang de Biguglia 153
Étang de Diane 119, 153
Evisa 144, 154

Feliceto *109*, 120
Figari 153
Filitosa 42, 92, *138*, 144, 154
Fisch 95
Fiumorbu 113
Folelli 153
Forêt d'Aitone 144
Forêts de Valdo-Niello 15
Fozzano 144
Frankreich 33, 62, 113, 126, 143
Frieden von Corte 62

Galeria *102/103*, 154
Gemüseanbau 113, 153
Genuesen 16, 62, 66, 70, 117, 122, 123, 124, 126, 143, 145, 148, 153
Geographie 11, 113
Girolata *104*, 144f.
Golf von Ajaccio *135*

156

Golf von Calvi *97*
Golf von Galeria *104*
Golf von Porto *110/111, 147*
Golf von Porto-Vecchio *128/129*
Golf von Sagone 154
Griechen 62, 68, 118, 126, 148

Iles Sanguinaires 118
Italien 41, 62

Klima 113
Korsen 16, 33, 38, 42, 64, 65, 66, 89, 95, 114, 118, 126, 143
Küche 95, 116

L'Ile Rousse *36*, 67, 94, 100, *101*, 145, 154
La Giraglia 154
La Pietra 145
La Porta 126
Lac de Capitello 144
Lac de Melo 144
Landwirtschaft 9, 38, 39, *90*, 113, 114, 115, 153
Langobarden 62, 147
Langosardo 70
Lavasina 121, 124
Levie 145, 153
Loreto-di-Casinca *43, 44/45*
Macchia 14, 61, 113, 114, *114*, 150
Macinaggio 126
Mandile *37*, 87
Mariana *54*, 147, 153
Marina de Negro *8*
Marine de Centuri 126
Märkte *88*, 92, *117*, 117, 121, 122, 152
Megalithkultur 42, 62, 147
Menhire 42, 92, 143, 144, 145, 147, 153
Miomo *20*
Monte Cinto 11, 69, 113, 124
Monte Cuccaro *6/27*
Monte d'Oro 113
Monte Renoso 113

Monte Rotondo 69, 86, 113
Moriani-Plage 153
Morosaglia *48/49*, 126
Morsiglia 126
Moulin Mattei *21*
Musik 92, 120

Nationalisten 39, 42, 62, 115, 117, 119
Naturschutzgebiet La Scandola *105*, 145
Nebbio 18/19, 114, 145, 147
Niolo 69, *74*, 113, *121*, 124, 144
Nonza 121, 126
Notre-Dame-de-la-Serra 124

Olmo *152*
Omertà 33
Omu di Cagna 153
Orezza 116, 126, *144*
Ornano 114, 154
Ota 147

Paghjella 92
Paglia Orba 154
Palaggiu 143, 153
Parc naturel régional de la Corse 15, 115, 121
Patrimonio 116, *145*, 147
Pigna 119f.
Pino 126
Pisaner 123, 148
Plage d'Agosta *134*
Plage de Ruppione *38, 134, 135*
Poesie 88f., 92
Politik 115, 117
Pont le Zaglia 144
Ponte Nuovo 62, 143
Porto 145, 147, 154
Porto-Vecchio 35, 38, 148, 153
Propriano 152, 153
Prunete 153
Punta Minuta 154

Rapaggio 126
Restonica *86*, 143f., *144*
Rogliano 126

Römer 16, 62, 68, 117, 118, 126, 147, 148

Saint-Florent *18/19, 24, 25, 26*, 148, 154
San Michele, Kirche bei Murato *2/3, 28*, 41, 147
Sant'Antonio 120
Santo Appiano 69
Sarazenen 62, 117, 147, 148
Sartenais 114, 116, 139
Sartène 10, 33, *94*, 121, *140/141*, 148, 152, 153
Scala di Santa Regina 124
Schafhaltung 38, 60, 61, *64*, 92, 113, 153
Sisco 126
Solenzara *52/53, 136*, 153
Soveria *72/73*
Speloncato 120
Speluncaschlucht *75*, 144
Spin'a Cavallu 144
Sprache 41, 92
Strände 38, 39, 113, 121, 124, 126, 148, 153, 154

Tierwelt *60*, 60, 113

Torreaner 62, 143, 144, 145
Tourismus 38, 39f., 95, 115, 153
Tracht 36, 37, *65*, 87

Vegetation 11, 14, 15, 59, 60, 61, 69, 113, 114, 150
Vendetta 33, 34, 65, 69f., 87, 152
Verwaltung 115, 117
Vizzavona 151, 152

Waldbrände 15, 61, 64, 113
Wandalen 62, 118, 147
Weinbau 113, 114, 115, 119, 147, *148*, 153
Wirtschaft 40, 114f.

Zonza 152
Zweiter Weltkrieg 41

Die felsigen Gipfel ganz in Wolken gehüllt: Das Massiv des Col de Bavella.

Text- und Bildnachweis

Textnachweis

Autorenkollektiv: Corse. Encyclopédies Régionales. Artignes-prés-Bordeaux 1979*.
Bourde, Paul: En Corse. Paris 1897*.
Daudet, Alphonse: Lettres de mon. Übersetzt von Ilse Perker. Stuttgart 1971.
Dumas, Alexandre (père): Les frères corses. Paris 1841*.
Fischer, Theobald: Land und Leute in Korsika. Berlin 1899.
Flender, Walther: Streifzüge durch Korsika und seine Berge. Bern 1902.
Friedrich II.: Der Antimacchiavell 1739. Berlin 1915.
Gregorovius, Ferdinand: Korsika. Wien/Leipzig 1878.
Heuss, Theodor: Schattenbeschwörungen. Randfiguren der Geschichte. Stuttgart und Tübingen 1947.
Komma, Lotte: Korsika für Kenner. München 1981.
Marin-Muracciole, Madeleine-Rose: L'Honneur des Femmes en Corse du XIIIème siècle à nos jours. Paris 1964*.
Maupassant, Guy de: Vendetta. Paris 1880.
Mérimée, Prosper: Colomba. Übersetzt von Ferdinand Hardekopf. Zürich 1949.
Mérimée, Prosper: Matteo Falcone. Übersetzt von Ferdinand Hardekopf. Zürich 1949.
Meyer, Conrad Ferdinand: Sämtliche Werke in zwei Bänden. München 1968.
Riedemann, Wilhelm-Otto: Korsika. Bilder einer Reise. München 1930.
Rousseau, Jean-Jacques: Vom Gesellschaftsvertrag oder Grundsätze des Staatsrechts. Neu übersetzt und zusammengetragen von Hans Brockard. Stuttgart 1977.
Voltaire: Le siècle de Louis XV. Paris 1751*.

*Die französischen Texte übersetzte Matthias Wolf, München.

Bildnachweis

Bildarchiv Verlag C. J. Bucher GmbH, München:
S. 34 (4), 35 (2), 62 r. und l., 64 (2), 65 l. und r., 66 (2), 67, 90 (3), 91.

Ernst Hermann Ruth:
S. 11 (2), S. 12/13, S.15 r., S. 26/27, S. 30/31, S. 32, S. 36 o.; r.u.; r.M., S. 37 r.u., S. 38, S. 39, S. 52/53, S. 60 l.u., S. 63, S. 69, S. 71, S. 76 o.; u., S. 77 o.; u., S.80/81, S. 82, S. 83, S. 84/85, S. 89, S. 93, S. 97, S. 110/111, S. 114 l.o.; r., S. 116 u., S. 122 o.; u., S. 124, S. 132/133, S. 134 o.; u., S. 135, S. 136, S. 137 o.; u., S. 142, S. 150 r.; l.u., S. 154 S. 158

Alle übrigen Farbabbildungen stammen von Monika Siegfried-Hagenow.

Die Karte auf Seite 155 zeichnete Astrid Fischer-Leitl, München.

Wir danken allen Rechteinhabern und Verlagen für die freundliche Erlaubnis zu Nachdruck und Abbildung. Trotz intensiver Bemühungen war es nicht möglich, alle Rechteinhaber zu ermitteln. Wir bitten diese, sich an den Verlag zu wenden.

Impressum

Bildkonzeption:
Axel Schenck
Lektorat: Brigitte Leierseder, Dieter Löbbert
Anthologie: Matthias Wolf
Graphische Gestaltung:
Gisela Weinberger, Harald Leonhard Guha
Herstellung: Angelika Kerscher

Technische Produktion:
Lanarepro GmbH, I-Lana; Druckerei Eberl, Immenstadt.

Die vorliegende Ausgabe stützt sich in weiten Teilen auf den Vorgängerband «Korsika» des Verlags C. J. Bucher von 1989.

© 1993, 1995 by Verlag C. J. Bucher GmbH, München
Alle Rechte vorbehalten
Printed and bound in Germany
ISBN 3 7658 0862 8

Die Nationen Europas

DIE BALTISCHEN STAATEN
ISBN 3-7658-0969-1

DÄNEMARK
ISBN 3-7658-0737-0

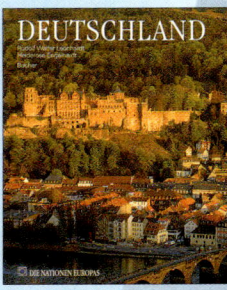
DEUTSCHLAND
ISBN 3-7658-0961-6

ENGLAND
ISBN 3-7658-0863-6

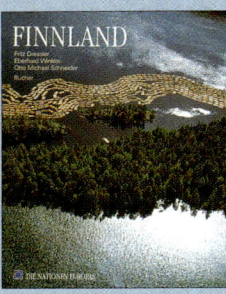
FINNLAND
ISBN 3-7658-0942-X

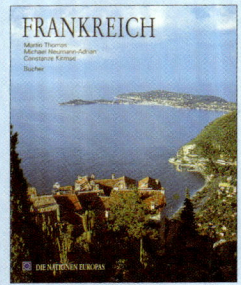
FRANKREICH
ISBN 3-7658-0888-1

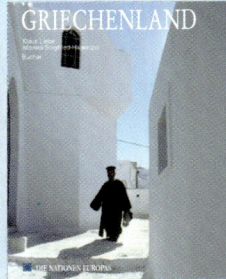
GRIECHENLAND
ISBN 3-7658-1015-0

IRLAND
ISBN 3-7658-0923-3

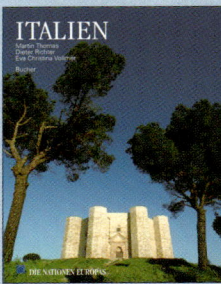
ITALIEN
ISBN 3-7658-0973-X

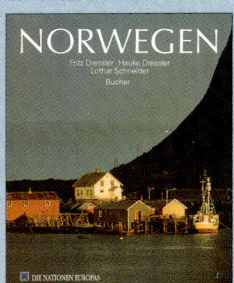
NORWEGEN
ISBN 3-7658-0859-8

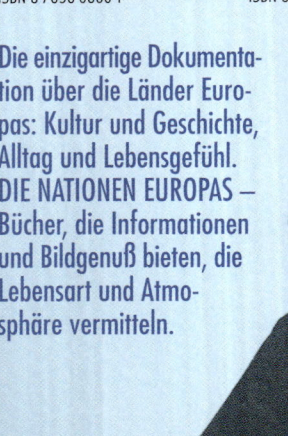

Die einzigartige Dokumentation über die Länder Europas: Kultur und Geschichte, Alltag und Lebensgefühl. DIE NATIONEN EUROPAS — Bücher, die Informationen und Bildgenuß bieten, die Lebensart und Atmosphäre vermitteln.

ÖSTERREICH
ISBN 3-7658-1025-8

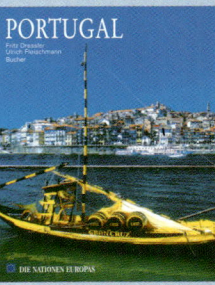
PORTUGAL
ISBN 3-7658-1030-4

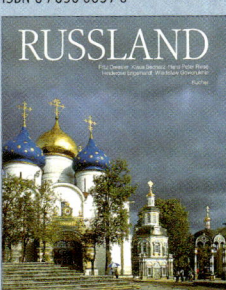
RUSSLAND
ISBN 3-7658-0889-6

SCHOTTLAND
ISBN 3-7658-0878-4

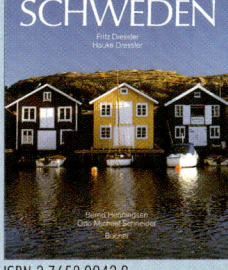
SCHWEDEN
ISBN 3-7658-0943-8

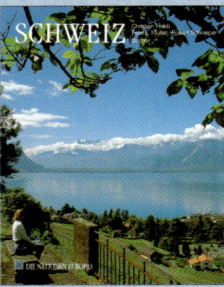
SCHWEIZ
ISBN 3-7658-0974-8

SPANIEN
ISBN 3-7658-0762-1

UNGARN
ISBN 3-7658-0813-X

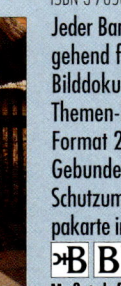

Jeder Band 160 Seiten. Durchgehend farbig, historische Bilddokumentation, Karten, Themen-Essays. Format 24 x 30 cm. Gebunden, mit farbigem Schutzumschlag, farbige Europakarte in Vor- und Hintersatz.

BUCHER
Maßstab für Bildbandqualität